公共关系与商务礼仪(实践)

孙希波　韩国元　主编

HEUP 哈尔滨工程大学出版社

内容简介

本书汲取当前国内外公共关系和礼仪的最新研究成果及实践经验编写而成，适合自学，有利于学习者掌握、了解新知识、新信息，有利于学习者增强创新意识、培养实践能力、解决实际工作中所遇到的问题。

本书适合于三(两)年及五年制职业学校的学生使用，也可供其他企业、行业的公关人员学习及参考。

图书在版编目(CIP)数据

公共关系与商务礼仪：实践/ 孙希波，韩国元主编. —哈尔滨：哈尔滨工程大学出版社，2016.7

ISBN 978-7-5661-1285-9

Ⅰ.①公… Ⅱ.①孙… ②韩… Ⅲ.①公共关系学 ②商务—礼仪 Ⅳ.①C912.3②F718

中国版本图书馆 CIP 数据核字(2016)第 152920 号

选题策划 卢尚坤
责任编辑 张志雯
封面设计 恒润设计

出版发行 哈尔滨工程大学出版社
社 址 哈尔滨市南岗区东大直街 124 号
邮政编码 150001
发行电话 0451-82519328
传 真 0451-82519699
经 销 新华书店
印 刷 黑龙江龙江传媒有限责任公司
开 本 787 mm×960 mm 1/16
印 张 13.25
字 数 248 千字
版 次 2016 年 7 月第 1 版
印 次 2016 年 7 月第 1 次印刷
定 价 42.00 元
http://www.hrbeupress.com
E-mail:heupress@hrbeu.edu.cn

前言

PREFACE

自考是我国高等教育基本制度之一，是我国现阶段高等教育的一个重要组成部分。公共事务管理专业的学生除学习基本理论、专业知识和基本技能外，还应强调自主学习与创新能力，更突出从事政府管理、社会咨询及中介组织等实际工作部门的职业技能和研究工作能力的锻炼，将学生培养成为具有较高专业素质和创新精神的实用型专业人才，以适应社会需求。

本书以公共事务管理专业培养方案为依据，以实践能力培养为主线，参照国内外相关著作、教材，吸取当前国内外公共关系和礼仪的最新研究成果和实践经验，为本专业学生学习公共关系与商务礼仪的基本理论与实务而编写。为了适应新时期教学改革的需要，同时充分考虑到学生课时限制，把公共关系与商务礼仪两方面知识紧密地结合在一起，形成独特实用的知识体系。

全书分为两部分，前5章主要阐述公共关系和商务礼仪的基本知识；后6章以公共关系专题活动展开，将实际工作中开展的公关活动和工作中需要注意的礼仪知识结合在一起，突出实践性。全书以公共关系为主线，将商务礼仪的知识通过礼仪的主体、客体和环境与公共关系从业人员、内外部顾客和公共关系工作及专题公关活动紧密结合，贯穿成为整体，使学生在学习过程中，更接近实际工作。

本书是公共事务管理专业及其他相关专业的技能教材之一。适合于三(两)年及五年制职业学校的学生使用，也可供其他企业、行业的公关人员学习及参考。该教材适合自学，有利于学习者掌握、了解新知识、新信息，有利于学习者增强创新意识、培养实践能力、形成自学能力，也有利于学习者学以致用、解决实际工作中所遇到的问题。

编　者

2016年5月

目录
CONTENTS

第一章　概　　述

公共关系于20世纪初期起源于美国,20世纪80年代传入中国。三十多年来,公共关系在我国的科学研究领域及企业应用实践中,都得到了迅速的发展,被越来越多的企业界尤其是企业家们所重视和认可。

第一节　公共关系概述

公共关系简称公关,是从英文Public Relations翻译过来的,英文缩写为PR。英语原文Public有两个基本含义:一是“公共的”,即指“属于社会的”,而不是个人的,在词性上属于形容词;二是“公众的”,即指“社会群体”,在词性上属于名词。Relations这个单词是“关系”一词的复数形式,这实际上强调了公共关系搞的不是一种关系,而是多种关系,也可以理解为关系的多重性和复杂性。

一、公共关系的定义

公共关系作为一门综合性的应用学科和一种正在发展中的管理功能,人们对其的定义众说纷纭,表述不一。这已经构成了公共关系理论研究的一个主要部分。在国际上具有代表性的有如下几种说法。

1.管理职能论

人类的管理活动与人类社会的历史一样悠久,管理科学的定义种类繁多,各式各样。但是,公共关系作为一种管理活动确有它的实际意义。“管理职能论”这类定义突出了公共关系管理的属性,它将公共关系看作社会组织的经营管理的方法或艺术。例如,美国莱克斯·哈罗博士认为,公共关系是一种特殊的管理职能。

美国卡特李普和森特合著的《有效公共关系》中的定义是:“公共关系是一种管理职能,它用以认定、建立和维持某个组织与各类公众之间的互利关系,而各类公众则是决定其成败的关键。”王乐夫等人编著的《公共关系学》一书定义为:“公共关系是一种内求团结、外求发展的经营管理艺术。它运用合理的原则和方法,通过有计划而持久的努力,协调和改善组织机构的对内对外关系,使本组织机构的各项政策和活动符合于广大公众的需求,在公众中树立起良好形象,以谋求公众对本组织机构的了解、信任、好感和合作,并获得共同利益。”

以上定义肯定了组织的活动是为了满足公众的利益,明确指出公共关系是社会组织的“管理职能”。

2. 传播沟通论

公共关系是通过传播手段来实现其目的的。因此,许多学者认为公共关系是社会组织与公众的一种传播沟通方式。如英国著名学者佛兰克·杰夫金斯认为:“公共关系是一个组织为了达到它与公众之间相互了解的确定目标,而有计划地采用一切向内和向外的传播沟通方式的总和。”

1981 年出版的《大不列颠百科全书》把公共关系定义为:“公共关系是旨在传递有关个人、公司、政府机构或其他组织的信息,并改善公众对其态度的种种政策或行动。”该定义的突出贡献在于:它明确地指出公共关系工作是一种信息工作,其目的是为了改善公众对它的态度。

还有一些格言式的定义也说明了这一点。例如,PR(公共关系)= P(自己行动)+ R(被人认识)。

传播沟通论突出强调了组织与公众之间的传播沟通作用。

3. 社会关系论

“社会关系论”这类定义强调公共关系是一种公众性、社会性的关系或活动。例如,美国普林斯顿大学的资深公共关系教授蔡尔兹认为:“公共关系是我们所从事的各种活动、所发生的各种关系的通称,这些活动与关系都是公众性的,并且具有其社会意义。”

我国台湾公共关系专家祝振华根据公共关系与中国传统人际关系的区别,提出“五伦以外的人类关系,谓之公众关系”,“公众关系学,是以促进了解为基础,内求团结,外求发展的管理哲学”。“五伦”即五种人伦关系,中国封建社会以君臣、父子、夫妇、兄弟、朋友为“五伦”。用忠、孝、悌、忍、善为“五伦”关系准则,即五常。

4. 传播管理论

“传播管理论”这类定义将管理说和传播说结合起来,强调公共关系是组织一种特定的传播管理职能。如当代美国公共关系学术权威，玛里兰大学的詹姆斯·格鲁尼格教授认为“公共关系是一个组织与其相关联公众之间的传播管理”。

5. 咨询论

“咨询论”这类定义认为公共关系是社会组织的一个咨询功能，最具代表性的是国际公共关系协会于1978年8月发表的《墨西哥宣言》：“公共关系是一门艺术和社会科学。它分析趋势，预测后果，向机构领导人提供意见，履行一系列有计划的行动，以服务于本机构和公众的共同利益。”

6. 协调论

协调论又称平衡论，是对“社会关系论”的深化，该观点认为公共关系主要是协调组织与公众之间的社会关系，“维持企业的营利性和社会性之平衡就是公共关系”。

7. 形象论

“形象论”这类定义从塑造形象的角度揭示公共关系的本质属性，强调公共关系的宗旨是为组织塑造良好的形象，“公共关系是社会组织为了塑造组织形象，通过传播、沟通手段来影响公众的科学与艺术”。

根据国外关于公共关系定义的介绍，结合我国的社会与文化特质，我们给出公共关系的定义：公共关系是指社会组织同其他相关联的社会组织、群体和个人之间的关系状态和舆论状况的总和，是利用传播沟通的手段，通过塑造和宣传组织形象来增强组织内部凝聚力、建立和谐的环境关系的软性经营管理艺术。

二、公共关系的特征

1. 客观性与普遍性

公共关系的客观性是指公共关系作为一种状态，是不以人的意志为转移的客观现象，无论组织是否曾经开展过或正在开展公共关系工作或活动，公共关系状态的存在是永恒的，是与社会组织的创建或存在相伴生的。也就是说，只要这个社会组织创建了或存在着，公共关系就不可避免地存在于社会组织的环境之中。

公共关系的普遍性是指公共关系是所有社会组织都存在的一种普遍现象，不管是生产性的企业、经营型的商业，或是提供某种服务的服务性公司，一个国家也好，一个政府部门也好，一个社会团体也好，在其环境之中都存在着与它们相关联的另外的一些社会组织、群体和个人，存在着某种关系状态以及舆论状况，这些关系状态和舆论状况的综合就是该组织的公共关系状态。

2. 公开性

公共关系之父艾维·李提出“公众必须被告知”，虽然是20世纪初期的事，但对今天的公共关系工作仍具有十分重要的意义。公共关系活动的目的是塑造组织形象，吸引公众，争取公众的理解、支持和合作，为此作为公共关系主体的社会组织，就应将自己的信息及时地向公众公布（实际就是在进行公共关系的传播），公众只有在接收到一定量的信息后，才能对组织有所了解，了解得多了，“感情”也就自然地“萌生”了。

从另一个角度来看，公共关系活动也需要公开。可从两个方面来理解，其一是说公共关系活动完全是在社会各界公众以及法律、舆论的监督下进行的，公共关系需要公平、公开、公正和透明；其二是说公共关系的手法是通过创造和策划具有轰动效应的活动、制造具有新闻价值的事件等来吸引环境的关注，吸引新闻媒体（或记者）的关注，借记者之手和媒体之口将事件宣传出去，同时组织的相关信息也就宣传出去了。显而易见，像诸如“赞助社会公益活动”“公司产品获得国际金奖”“社会知名人士光顾我厂”等，都不能将这些信息封存于“保密箱中”，相反，要大张旗鼓地进行宣传，要让更多的公众知道和了解。

3. 艺术性

公共关系的艺术性具体表现在活动的创造和策划上，开展公共关系活动必须讲求方法、艺术。公共关系的原理要求要抓住一切可以利用的机会和事件，或创造策划机会和事件来宣传组织，扩大组织的知名度，提高组织的美誉度。公共关系的艺术性具体表现在：①公共关系活动需要创造和策划；②公共关系的表现手法要委婉含蓄，含而不露，要让公众在不知不觉中接受、理解和支持组织的观点；③公共关系活动要有“由头”。所谓由头是指能够作为公共关系活动的缘由、具有公共关系价值的事件、能够渗透公共关系活动的具体案例等。

4. 情感性

公共关系讲究信息的交流、感情的沟通，只要热诚、真挚地对待公众，就必然会换来公众的回报，这是公共关系思想的一个重要内容，只有带有情感色彩的活动才能真正地拨动公众的心弦，才能激发公众的投入热情，才能产生行为上的共振。公共关系就是要以尊重他人、关心他人为活动策划和实施的指导思想。

5. 战略性

公共关系的基本方针是着眼于长期打算，实施于平时的努力。一个企业、一个组织要建立和改善自己的形象，不是一朝一夕的事，必须付诸持久的努力，要全面地、有计划地、连续地、坚持不懈地开展工作，要敢于为长远利益而牺牲眼前利益。只有通过平时的点点滴滴的努力，建立起良好的信誉关系，保持君子之交的友谊，方能在需要的时候得到对方真诚的合作。公共关系的专题活动更要讲究策略，讲究方法，更应理顺眼前利益和长远利益的关系，大利益和小利益的关系。眼光短浅、急功近利是公共关系的一大忌讳。

6. 层次性

公共关系层次的划分是根据具体工作内容来确定的，事实上公共关系渗透到社会组织工作的许多方面，日常事务的迎来送往和礼仪接待需要公共关系，专题活动的组织和实施需要公共关系，组织战略的设计和策划需要公共关系。据此可以将公共关系分为三个层次。

(1)事务层次

公共关系的事务层次也是初级层次，指社会组织中日常事务的处理，组织交际中的迎来送往、礼仪接待等。

公共关系工作的内涵是很丰富的，日常迎来送往、待人接物、交际应酬、社交礼仪等都可囊括到公共关系的范畴之中。对一个组织来说，这些工作是必不可少的。无论何种类型的组织，每天都离不开一般的迎来送往和礼仪接待活动。要完成这些工作，需要一些具备公关意识并受过一定训练的公关人员。一般情况下，具有一定文化程度和基本条件的人，再经过一定的专业训练都可以达到这个要求，可以基本胜任这个工作。

(2)活动层次

公共关系的活动层次也是中级层次，指社会组织为实现公关目标所举办的各种公共关系专题活动的组织和实施。

公共关系专题活动一般有新闻发布会、撰写组织的宣传材料、举办联谊活动、组织各种庆典活动等。在一个社会组织中，这些活动都是经常发生的。公共关系的原理提示我们，对这些活动的组织和实施需要具有一定的公关能力，需要把握活动的目的，掌握活动的程序和艺术。如社会组织搞联谊活动的目的是联络感情、巩固关系；安排组织内部的老工人登天安门城楼观光，其目的是提高职工对本组织的荣誉感和责任心，以增强组织的凝聚力；

召开消费者座谈会是为了增强消费者对组织的信任感，提高组织的知名度和美誉度。中级层次的公关人员要有能力把握此类公关活动的目的，并且能正确地使用公关的方法和艺术，灵活地组织和实施这类活动。

一般情况下，搞公关活动的人要比搞公关事务的人具有更好的条件要求。如较全面的公关知识、较好的心理素质、较自觉的公关意识、较强的语言表达能力，另外对交际能力、组织能力、应变能力等也都有一定要求。总之，从事公关活动的人员要比从事公关事务的人员，在素质的要求上要高一些。

(3)策划层次

策划层次是公共关系的最高层次。公关策划，是指公关人员为了达到组织的目标，在充分调查的基础上，对公关战略、专门公关活动和具体的公关操作进行谋略、计划和设计。

公关策划大致可分为三个层次：总体公关策略的策划，是指对组织的总体、宏观、战略性的公共关系方针进行计划、谋略和设计；专门公关活动的策划，是指对某一个公关活动进行计划、谋略和设计；具体公关操作的策划，则是为了完成某一公关活动、推行某一公关方案而搞的具体的策划。毫无疑问，对从事策划层次的公关人员的要求比前两个层次的人员都要高。不仅需要更高的公关知识水平、创造策划能力，同时还需要具有一定的公关实践经验。需要说明的是，以上层次是人为划分的。

在现实的公共关系实务中，上面的三个层次是不能分开的。在任何一个具体的公共关系活动中，三个层次是交融在一起的。例如，在日常事务的处理中也不能因循守旧，呆板枯燥，也需要适宜地进行创造和策划；在专题活动的组织和安排上，不仅有策划，而且也有迎来送往和礼仪接待等公关事务性的内容。

三、公共关系的构成要素

公共关系的结构是由组织、公众、传播三要素构成的。公共关系的主体是社会组织，客体是社会公众，联结主体与客体的中间环节是传播与沟通。因此，社会组织、公众、传播是构成公共关系的密不可分的三个要素。

1. 公共关系的主体——社会组织

公共关系离不开主体，没有主体就无法确定是谁在开展公共关系活动。公共关系主体是公共关系的构建者和承担者。在现代社会中，公共关系活动都是由不同的组织策划发起的。所以,公共关系主体就是指那些相对独立地存在于社会之中的各种社会组织。根据公共关系的定义和要素分析,公共关系主体处于公共关系的核心地位,其经营理念和行为对公共关系的形成与发展起至关重要的作用。

组织一词在英文中为“organization”,原意是自成系统的具有特定功能的细胞结构。在公共关系学中,社会组织是指人们为了有效地达到特定的目标,按照一定的宗旨、制度和系统建立起来的共同活动的集体。社会组织不同,其公共关系的对象也会有所不同;处于不同发展时期或公共关系环境下的社会组织,其公共关系的目标、策略和方法也会有所不同。

社会组织是人类社会的组织方式,是社会关系有组织、有秩序的体现。在人类社会生活中,彼此孤立的个人通过一定的社会活动进行交往,由此建立特定形式的社会联系与组合,这种通过社会活动形成的联系与组合,本质上是社会关系的体现,形式上便表现为社会组织。

社会组织的发展与变化是现代公共关系产生的基础。随着社会的发展,社会组织也随之不断地调整和改变。社会组织必须与外部环境相适应,必须得到外部公众的支持。因此,社会组织必须与外部环境实现互动,相互依赖,相互作用。那么,公共关系也就在社会组织与公众之间产生了。

在现代社会中,社会组织必须以明确的组织目标,以认同组织目标的一定数量的成员,以确定的公众对象和社会环境需要的、有利于发挥组织功能的方式,作为其赖以生存、发展的依据和条件。

社会组织在公共关系的三大构成要素中处于主体地位。它具有主导性,即社会组织主宰着公共关系活动,决定着公共关系状态的好坏。社会组织的任何行为,都会通过传播而影响公众,都会引起公众的反应和对组织的评价。

2. 公共关系的客体——社会公众

公共关系的客体,也就是公关活动的接受者,即广大的社会公众。从某种意义上说,组织面临的社会环境,也就是公众。

所谓公众,即与特定的社会组织发生联系,并对其生存发展具有影响的个人、群体或组织的总和,是公共关系传播沟通对象的总称。

在公共关系学中,公众这个词特指任何被共同利益或共同关心的问题联结在一起的个人、群体和组织。这些个人、群体和组织与公共关系主体有相关的利益,对公共关系主体有着重要的影响，因此成为公共关系主体传播交流信息的对象。

（1）现代公众意识的形成过程

自现代公共关系产生以来，在对待公众的态度上也有一个思想认识的发展过程。

19 世纪中叶以巴纳姆为代表的单向吹嘘式思想认为“公众要被愚弄”“凡是宣传皆是好事”，为了扩大自身的影响而编造“新闻”，玩弄公众利益。

20 世纪初，艾维·李提出单向传播式公关思想，认为“公众必须迅速被告知”，要对公众“讲真话”，寻求公众的理解和认同。从那时起，才有了真正意义上的现代公共关系，公众意识开始觉醒。之后，爱德华·伯纳斯提出双向沟通式公关思想，认为“要投公众之所好”“让组织了解公众，也让公众了解组织”，主张通过双向传播取悦公众，以求得公众的支持和合作。这就打破了单向“告知”公众的思维模式，增强了公众导向的理论基础，使公关研究由经验转向科学，具有划时代的意义。

直到 1952 年，卡特里普和森特在其专著《有效公共关系》中提出双向对称的公关模式，强调“组织与公众双方在目的、利益和传播上要双向对称，双向平衡”，认为公共关系是一个开放系统和一种职能，要对环境进行监测和调适，发挥信息反馈功能，“使公众意愿能参与到决策中来”。进一步提出了公众意识，确立公众导向，将公关理论推向了当代发展的新阶段。

（2）现代公众意识的含义

概括地说，现代公众意识就是一切从公众出发的公众导向意识。具体地说，它包含以下主要内容：

第一，公众参与。组织的决策和行为都要从公众出发，以公众的意愿为决策的依据，以满足公众的需求作为行为的指针。

第二，目的、利益的双向平衡。在公关目标上要将组织和公众的利益放在同等重要的地位，公众利益的实现就意味着组织利益的实现；而当双方利益发生冲突时，应将公众利益放在首位，必要时宁愿牺牲组织利益，以求得公众环境的良性发展。

第三，双向对称的传播沟通。在公关传播中，公众并非是一个完全被动的“接收器”，而是能起到巨大反作用的社会群体。首先，公众的各类需求是公关传播活动的推动力。其次，在公关传播的正向传播过程中公众是信宿，而在公关传播的反向传播过程中公众又是信源。最后，对公关传播效果的检验，需要公关信息的不断反馈，正反馈可将传播活动引向深入开展，而出现反反馈时则必须停止传播，并采取相应的补救措施。因此，公关传播活动是一个监测、传播、反馈、调适，以达到双向对称的过程。

第四，一切工作围绕公众进行。组织的一切工作要围绕公众进行，要诚心诚意地对待公众，全心全意地为公众服务，切实尊重公众的权利和人格，虚心接受公众的监督和批评，坚持依靠公众做好工作，视公众为组织生存和发展的前提条件。

第五，与公众的心理互动。组织与公众是双向互动的利益关系，不仅需要让公众了解组织，更需要组织了解公众。只有了解公众的心理倾向和心理定势，与公众进行心理互动，才能不断沟通信息、交流感情、达成共识，使双方协调一致，为实现共同的利益而和谐发展。

(3)确立公众意识的重大意义

公众意识的确立有着重大意义，能使我们明确地认识到以下几点：

首先，公众意识是最基本的公关意识。现代公关意识包括形象意识、公众意识、双向沟通意识、协调意识、互惠互利意识等。很显然，双向沟通与协调、互惠互利、立足长远等，都是维系与公众良好关系的原则和方法；而社会组织形象是组织在运行过程中的实际行为表现和风格特征给予公众的印象的反映，也有赖于公众做出客观的评价。因此，公众意识是最基本的公关意识，是公关意识的核心。

其次，公众意识是整个公关工作的基本指导思想。以公众利益为出发点的公众导向意识表现在公关工作的决策、目标、传播沟通、基本要求以至心理活动等方方面面，它是贯穿公关工作的一条主线，是整个公关工作的基本指导思想。

最后，公众利益导向是处理组织与公众利益关系唯一正确的原则。组织与公众之间的公共关系是建立在利益基础上的。但在以往，组织所考虑的往往主要是自身的利益。公众意识的确立，使组织的经营从封闭走向开放，从追求自身利益转向追求组织与公众共同利益，而以公众利益的实现为实现组织利益的前提。如两者发生冲突，首先是维护公众利益，这样才能不断改善公众环境，避免发生危机。

3. 公共关系的方法和手段———传播与沟通

从广义上讲，人类社会、生物群体乃至自然界普遍存在着传播现象，从而使宇宙连接成一个整体。狭义的传播，则是指人类之间的信息传播过程，是一种特有的社会现象。正因为人与人之间、群体与群体之间有了信息的沟通，人类文明才能协调发展。

在市场经济条件下,社会组织的生存与发展需要一定的制度环境和公众环境,需要公众的保护、理解与支持,而要做到这一点就必须进行公共关系工作。在公共关系中,组织是一端,公众是另一端,而传播则是连接组织与公众的桥梁,也是公共关系人员最主要的工作。公共关系的过程实质上就是组织主体与公众客体之间的一种信息传播活动和信息交流过程,研究公共关系必须研究传播问题。

(1)传播的含义

"传播"一词译自英文"communication"。而"communication"除了译作"传播"之外,也可译作"交流""联络""交往""沟通"等。"communication"又与"信息"(information)这个词相关联,它包括了信息交流,沟通的现象、行为、规律和方法;凡是人类传递、接收、交流、分享信息的活动过程,都可以称之为"communication",也就是说,"传播"这个概念泛指人类信息交流的关系和活动。其含义有以下三个要点:

第一,信息的传递。甲方通过一定的媒介将信息传递给乙方,如电话、电报、信函等,从这个意义上说,传播就是"传达""传送""传报"等。

第二,双向的交流。乙方接收到甲方的信息后引起一定的反应,这种反应反馈给甲方,构成了双向的交流,相互影响,如回电、复信、交谈、对话等。在这个意义上就是"交往""交换""联络""沟通"等。

第三,信息的共享。由于双向的信息沟通,使双方在某种程度上取得了一致的了解、认识、理解或意向,即强调双方在传递、反馈、交流的一系列过程中,通过分享信息达到了沟通,取得了共识,"传"务求"通"。可见,"communication"一词特指人与人之间、人与群体或社会之间双向的信息传递、接收、交流、分享、沟通的过程。"双向交流"和"传务求通"是"传播"的两大性质。

(2)传播的特性和类型

公共关系传播和一般传播一样,具有普遍性、社会性、工具性、符合性、共享性等特性。此外,现代公共关系传播还具有双向性,是双向的信息交流。

传播按所涉及的主客体关系分为自我传播、人际传播、群体传播、组织传播和大众传播等类型。公共关系传播是社会组织与其公众之间的信息交流行为,其类型属于组织传播,包括组织内部传播和组织外部传播。组织内部传播是组织与其内部公众的信息交流,一般指通过组织正式规定的渠道进行的正式传播,不包括组织内部成员之间在人际关系基础上自发形成的非正式传播。组织外部传播是组织与其外部公众之间的信息交流。

现代公关传播是双向的信息交流:由组织向外部公众传递有关信息的传播方式,是内源外向的正式传播;将外部公众的信息或反馈信息向组织输送或反馈的传播方式,是外源内向的反向传播。在内源外向的传播中,组织面临复杂多样的公众,必须根据具体的传播目的、内容、环境、对象和各种媒介的特点以及组织自身的条件选用或综合运用人际传播、群体传播、组织传播和大众传播等多样传播手段,特别是借助于大众传播手段,可以使传播活动大范围覆盖、高速度进行,发挥强大的公众舆论影响力。单一的传播手段,难以承担组织向外部公众的公关传播任务。

(3)传播效果及其制约条件

要获得良好的传播效果,不仅取决于传播的媒介和技术,还取决于传播者的主体条件、传播内容的制作方式、对受众的研究分析、传播的环境气氛等因素。

第一,最佳的传播条件。改善传播效果的一个重要条件是树立传播者自身的良好声誉和形象。研究表明,传播者的声誉往往是与权威性、客观性以及公共关系的亲密性紧密相关的。所谓权威性即传播者对所谈的问题具有专门的知识,是这方面的权威。与专家名流搞好关系,邀请专家发表意见,有利于提高传播者的权威性。所谓客观性,即传播者在公众心目中被认为是态度超然、客观公正、不夸张渲染的,这样,传播的信息就有利于被公众所信任。因此,应该尽量降低传播中的商业色彩。所谓亲密性,即传播者应尽量缩小与公众的心理距离,站在公众的立场上来传播,使公众将其作为“自己人”,传播者的观点就比较容易被接受。因此,在传播中邀请与公众同类型的人来发表意见,容易形成这种亲密性。当然,传播者自身完善、行为良好,是最优传播者的客观基础。

第二,良好的信息制作方式。传播者应强调良好的信息组织形式和表达形式,使公众觉得信息易于获取、易于阅读、易于理解、易于记忆、易于把握。除此之外,还要注意扩大与公众的共同语言范围,用能够引起共鸣和公众喜闻乐见的方式来传播,提高传播的感染力。

第三,尊重受众的选择权。有效的传播离不开对受众的分析,要充分注意公众在接受信息过程中的能动性问题,即选择权问题。公众在接受信息的过程中并不是任人摆布的,而是根据各自的需要、兴趣、知识、经验、观念、价值观、习惯等,对大量信息所作的选择性注意、选择性理解、选择性记忆、选择性接受。特别是大众传播所面对的公众是分散的,要让公众接受传播的内容,就需要顺从公众选择的趋势,而不是去强制改变公众的固有立场。

公关传播者要注意这样一个事实，即“改变自己比改变公众容易”。当传播效果不理想时，需要改变的不是公众而是传播者自己，即根据公众的需求来改变传播者自身的行为和传播的内容、方式，要使传播活动有的放矢。

第四，注意环境气氛的影响。传播活动总是在一定的具体场合、情境气氛中进行的，具有一定的传播背景。有效传播不可忽视具体场合、情境气氛的影响作用。情境不同，场合不同，传播的形式就不同，同样的传播内容就会有不同的传播效果。沟通传播的环境有不同的方面：物质的环境，主要指交往的空间和物理场景，如在谈判桌上与宴会桌上传播沟通的形式与气氛完全不同；社会的环境，主要指参与沟通的人员之间的社会关系，以及与各人的社会关系密切相关的团体背景、社会规范、文化习俗等，它们对传播的影响也不可忽视；心理环境，主要指交往沟通时的心理状态和气氛，如心情舒畅时容易沟通，心情烦闷时容易产生摩擦等；时间的情境，主要指传播的具体时机，如适时信息的作用较显著等。以上各种环境要素在实际的传播沟通活动中常常是相互交叉、共同起作用的。

第五，完善传播沟通的技巧。传播效果与传播技巧是直接相关的。传播者善于运用各种语言的、文字的与非语言的沟通手段，个人的、组织的、大众的传播技术，以增强信息刺激的强度、对比度、重复率等，追求不同层次的传播效果，如交流信息、影响态度、引起行为等。

在传播技巧上要注意以下几个方面：

①可信度　首先必须建立对传播者信赖的气氛；

②情境架构　传播计划必须与现实环境一致、协调；

③内容　传播的内容需与受众有关，必须能引起他们的兴趣，满足他们的需要；

④清晰　信息的组织形式应该简洁明了，易于接受；

⑤持续和一贯　传播是个不断循环往复的过程；

⑥通道　正确选择传播媒介；

⑦受众的能力　任何传播行为都必须考虑受众的条件和能力。

四、公共关系的职能

组织为改善自身的生存环境，围绕既定目标所展开的一系列具体活动和工作，构成了公共关系的职能范围。公共关系的职能非常广泛，对此国内外许多专家至今仍争论不休、看法各异。一般来说，公共关系应具备以下五方面的职能。

1. 宣传引导，传播推广

公共关系在组织管理中的一个主要职能，就是有效地制造舆论、强化舆论和引导舆论，通过各种传媒，及时准确地传播推广与组织有关的信息，赢得社会公众对组织的信任与好感，从而不断地提高组织的知名度和美誉度，为组织创造有利于自身生存与发展的环境和时机。

为此，公关职能机构作为组织的喉舌，就经常被外界视为宣传推广部，其职责主要包括：

（1）负责制订组织到公众的传播计划，编辑、设计、制作和发行组织的各种宣传资料，如系列产品目录、产品质量认证书、企业经营状况、组织机构等；

（2）负责组织的新闻发布和形象传播工作，将组织的信息真实、准确、及时、有效地传递给特定的公众对象；

（3）负责制订组织及其产品、服务的市场推广计划，并付诸实施。

2. 收集信息，检测环境

现代社会，尤其是随着知识经济的崛起，信息已日益成为经济发展不可或缺的重要战略资源。组织的生存和发展离不开特定的环境，而环境又是由组织的公众，以及一切有可能影响组织生存发展的社会政治、经济、文化等各方面因素构成的。鉴于环境的动态性、可变性，组织要适应环境，就必须严密监测环境，对其变化做出准确的判断和科学的预测。

为此，公关职能机构作为组织的“信息中心”，就经常被外界称作“信息情报部”，负责检测、收集、整理和分析有关组织的公众信息，及时向组织的领导人提供管理咨询建议。要完成这一任务，公关职能机构必须首先收集有关组织的形象、产品和服务信息，组织运行状态及其发展趋势信息，有关公众对组织及其产品、服务的评价和看法，竞争对手的信息，并注意收集其他社会信息，如国内外政治、经济、文化、科技、法律、政策等方面的重要变化，以及社会时尚潮流的变化等，然后对所有这些信息进行系统整理和分析，从而对组织所处的环境进行有效的检测。

3. 咨询建议，参与决策

公共关系作为组织的一种管理职能，其重要性还体现在其在组织管理决策过程中提供咨询、建议，发挥着参谋作用。公关职能机构及其人员可以运用专业知识、技能、经验和科学的研究方法，利用信息系统提供的数据、质量、情报等，对组织需要决策的有关问题进行系统研究，提出可供领导人参考的解决方案。因此，公关职能机构常常被称作“智囊机构”和“决策参谋部”，公关专家往往被一些现代组织称为“军师”“顾问”“参谋”。

公共关系通过社会调查，向组织提供有关组织及其产品形象、公众心理变化、社会关系发展状况等咨询建议，同时参与组织的决策过程，积极帮助组织获取决策信息、确定决策目标、实施决策方案，制定组织及其产品、服务的形象管理计划，策划和实施各种专题性公关活动，并对其进行评估。

4. 沟通交际，协调关系

在现代社会，任何组织都是一个开放的系统，必须和周围环境建立广泛的联系。公关职能机构是组织对外交往的“名片”和与各类公众沟通的桥梁，它的工作就是通过任务性和感情性交往，运用沟通交际协调的手段，对组织疏通渠道，广交朋友，发展横向联系，减少社会摩擦，缓和各种社会冲突，与组织的内外公众建立友好、合作的社会关系，成为组织顺利运转的润滑剂和缓冲剂。因此，公关职能机构也常常被称为“外交联络部”。

目前，公关职能机构的任务主要包括三个方面：一是协调组织内部关系，增强组织的向心力、凝聚力，发扬群策群力、同心同德的精神，共同完成组织任务，实现组织目标；二是沟通社会各方面的关系，创造和谐的工作环境，减少各种人为制造的障碍和自然存在的障碍，争取社会各界最大的配合和支持；三是参与处理组织的公众咨询、投诉和来访接待工作，并针对问题答疑解惑，消除误会，做好耐心细致的思想工作。

5. 解决矛盾，处理危机

现在组织处在一个各种活动透明度日益增长的时代，其种种行为很难逃脱外部的监视和制约。而且随着公众对组织社会责任的期望值，以及对自己权利的关注程度越来越高，组织很容易与公众发生矛盾，从而产生危机。为保证组织的顺利运营，组织的公关职能机构必须担负起协助组织发现、处理并监控组织与公众之间的矛盾、问题和突发的危机事件的责任。因此，公关职能机构常常被外界称为处理危机的“消防队”。

在组织工作中，处理危机具有相当大的难度，这就要求公关人员能敏锐地发现问题，具有较强的洞察力，而且要求公关从业人员能随机应变，具有较强的创新意识，以及处理问题的灵活性与技巧性。

第二节　商务礼仪概述

一、商务礼仪的概念

商务礼仪是商务活动中重要的一环，是指在商务活动中体现相互尊重的各种行为准则。商务礼仪用来规范我们日常商务活动的方方面面。

商务礼仪包括仪表礼仪、言谈举止、书信来往、电话沟通等技巧，从商务活动的场合又可以分为办公礼仪、宴请礼仪、专题活动礼仪、涉外礼仪。商务礼仪广泛涉及社会经济生活的各个方面，是社会中全体成员调节相互关系的行为规范，为各国家、各民族、各阶级、各党派、各社会团体以及各阶层人士共同遵守。

商务礼仪是在商务活动过程中，对合作者表示尊重和友好的一系列行为规范，是礼仪在商务活动过程中的具体运用。商务礼仪以礼仪为基础和内容，它与礼仪有着共同的基本原则——尊重、友好、真诚。

二、商务礼仪的作用

商务礼仪的核心作用是为了体现人与人之间的相互尊重，具体体现在以下几个方面。

1. 规范行为

在商务交往中，人们相互影响、相互作用、相互合作。如果不遵循一定的规范，双方就缺乏协作的基础。在众多的商务规范中，礼仪规范可以使人明白应该怎样做、不应该怎样做，哪些可以做、哪些不可以做，同时有利于确定自我形象、尊重他人、赢得友谊。

2. 传递信息

礼仪是一种信息，通过这种信息可以表达出尊敬、友善、真诚等感情，使别人感到温暖。在商务活动中，恰当的礼仪可以获得对方的好感、信任，进而有助于事业的发展。

3. 增进感情

在商务活动中，随着交往的深入，双方可能都会产生一定的情绪体验。它表现为两种情感状态：一种是感情共鸣，另一种是情感排斥。礼仪容易使双方互相吸引，增进感情，带来良好的人际关系的建立和发展。反之，如果不讲礼仪、粗俗不堪，那么就容易产生情感排斥,造成人际关系紧张,给对方留下不好的印象。

4. 树立形象

一个人讲究礼仪,就会在众人面前树立良好的个人形象;一个组织的成员讲究礼仪,就会为自己的组织树立良好的形象,赢得公众的赞赏。现代市场竞争除了产品竞争外,更体现在形象竞争中。一个具有良好信誉和形象的公司或企业,就容易获得社会各方的信任和支持,就可在激烈的竞争中立于不败之地。所以,商务人员时刻注重礼仪,既是个人和组织良好素质的体现,也是树立和巩固良好形象的需要。

三、商务礼仪的重要性

1. 塑造个人与企业良好形象

商务礼仪能展示企业的文明程度、管理风格和道德水准,塑造企业形象。良好的企业形象是企业的无形资产,无疑可以为企业带来直接的经济效益。一个人讲究礼仪,就会在众人面前树立良好的个人形象;一个组织的成员讲究礼仪,就会为自己的组织树立良好的形象,赢得公众的赞誉。现代市场竞争除了产品竞争外,更体现在形象竞争。一个良好信誉和形象的公司或企业,就容易获得社会各方的信任和支持,就可在激烈的市场竞争中立于不败之地。

2. 传递信息,展示价值

礼仪最基本的功能就是规范各种行为。商务礼仪可强化企业的道德要求,树立企业遵纪守法,遵守社会公德的良好形象。我们知道,道德是精神的东西,只能通过人的言行举止,通过人们处理各种关系所遵循的原则与态度表现出来。商务礼仪使企业的规章制度、规范和道德具体化为一些固定的行为模式,从而对这些规范起到强化作用。企业的各项规章制度既体现了企业的道德观和管理风格,也体现了礼仪的要求,员工在企业制度范围内调整自己的行为,实际上就是在固定的商务礼仪中自觉维护和塑造着企业的良好形象。

3. 沟通感情,协调人际

良好的礼仪可以更好地向对方展示自己的长处和优势,她往往决定了机会是否降临。例如,在公司,你的服饰适当与否可能就会影响到你的晋升和与同事的关系;带客户出去吃饭时你的举止得体与否也许就决定了交易的成功与否;又或者,在办公室不雅的言行或许会使你失去了一次参加老板家庭宴请的机会……这是因为礼仪是一种信息,可通过这个媒介表达出尊敬、友善、真诚的感情。所以在商务活动中，恰当的礼仪可以获得对方的好感、信任，进而推动事业的发展，净化社会风气，推进社会主义精神文明建设。

一般而言，人们的教养反映其素质，而素质又体现于细节，细节往往决定着人们的成败。反映现代个人教养的商务礼仪，是人类文明的标志之一。一个人、一个单位、一个国家的商务礼仪水准如何，往往反映着这个人、这个单位、这个国家的文明水平、整体素质与整体教养。

四、商务礼仪中的基本礼仪

1. 语言交谈礼仪

交谈是人们日常交往的基本方式之一，是人们交流思想、沟通感情、建立联系、消除隔阂、协调关系、促进合作的一个重要渠道。一个人在交谈时的具体表现，往往与其工作能力、个人魅力以及待人接物的态度紧密联系在一起。因此，交谈是商务礼仪的有机组成部分之一。

（1）交谈的态度

一个人在交谈时所表现的态度，往往是其内心世界的真实反映。若想使交谈顺利进行，就务必要对自己的谈话态度予以准确把握、适当控制。在交谈时应当体现出以诚相待、以礼相待、谦虚谨慎、主动热情的基本态度，切不可逢场作戏、虚情假意、敷衍了事、油腔滑调。

①表情自然

表情，通常是指一个人面部的表情，即一个人面部神态、气色的变化和状态。人们在交谈时所呈现出来的种种表情，往往是个人心态和动机的无声反映。为了体现自己的交谈诚意和热情，应当对表情予以充分注意。

交谈时目光应专注，注视对方，或凝神思考，从而和谐地与交谈进程相配合。眼珠一动不动，眼神呆滞，甚至直愣愣地盯视对方，都是极不礼貌的。目光游离，漫无边际，则是对对方不屑一顾的失礼之举，也是不可取的。如果是多人交谈，就应该不时地用目光与众人交流，以表示交谈是大家的，彼此是平等的。

在交谈时可适当运用眉毛、嘴、眼睛在形态上的变化，表达自己对对方所言的赞同、理解、惊讶、迷惑，从而表明自己的专注之情，并促使对方强调重点、解释疑惑，使交谈顺利进行。

交谈时的表情应与说话的内容相配合。与上级领导谈话，应当恭敬而大方；与群众谈话，应当亲切而温和；在秉公执法时说话，应当严肃而认真。

②举止得体

人们在交谈时往往会伴随着做出一些有意无意的动作举止。这些肢体语言通常是自身对谈话内容和谈话对象的真实态度的反应。因此，公关人员务必要对自己的举止予以规范和控制。

适度的动作是必要的。例如，发言者可用适当的手势来补充说明其所阐述的具体事由。倾听者则可以点头、微笑来反馈“我正在注意听”“我很感兴趣”等信息。可见，适度的举止既可表达敬人之意，又有利于双方的沟通和交流。

避免过分、多余的动作。与人交谈时可有动作，但动作不可过大，更不要手舞足蹈、拉拉扯扯、拍拍打打。为表达敬人之意，切勿在谈话时左顾右盼，或是双手置于脑后，或是高架“二郎腿”，甚至剪指甲、挖耳朵等。交谈时应尽量避免打哈欠，如果实在忍不住，也应侧头掩口，并向他人致歉。尤其应当注意的是，不要在交谈时以手指指人，因为这种动作有轻蔑之意。

③遵守惯例

除了表情和举止之外，公关人员在交谈时往往能通过一些细节来体现自己的谈话态度。为表达自己的诚意、礼貌与热忱，公关人员在这些细节的处理上要遵守一定的既成惯例。

注意倾听。倾听是与交谈过程相伴而行的一个重要环节，也是交谈顺利进行的必要条件。公关人员在交谈时务必要认真聆听对方的发言，用表情举止予以配合，从而表达自己的敬意，并为积极融入到交谈中去做最充分的准备。切不可追求“独角戏”，对他人发言不闻不问，甚至随意打断对方的发言。

谨慎插话。交谈中不应当随便打断别人的话，要尽量让对方把话说完再发表自己的看法。如确实想要插话，应向对方打招呼：“对不起，我插一句行吗？”但所插之言不可冗长，一两句点到即可。

礼貌进退。参加别人谈话之前应先打招呼，征得对方同意后方可加入。相应地，他人想加入己方交谈，则应以握手、点头或微笑表示欢迎。如果别人在个别谈话，不要凑上去旁听。若确实有事需与其中某人说话,也应等到别人说完后再提出要求。谈话中若遇有急事需要处理,应向对方打招呼并表示歉意。值得注意的是,男士一般不宜参与女性圈子的交谈。

④注意交流

交谈是一个双向或多向交流过程,需要各方的积极参与。因此在交谈时切勿造成"一言堂"的局面。自己发言时要给其他人发表意见的机会,别人说话时自己要适时发表个人看法,以互动式促进交谈的进行。

(2)交谈的方式

交谈的方式,即人们在与他人进行交谈时所采用的具体形式。交谈方式选择的恰当与否,对于能否正确进行人际沟通、恰当表达个人思想、友善传递敬人之意都起着相当关键的作用。一般而言,可供公关人员选择运用的谈话方式主要有如下六种。

①倾泻式交谈

倾泻式交谈,就是人们通常所说的"打开窗户说亮话",无所不言,言无不尽,将自己的所有想法和见解统统讲出来,以便让对方较为全面客观地了解自己的内心世界。倾泻式交谈方式的基本特征,是以我为主,畅所欲言。采用倾泻式交谈方式,易赢得对方的信任,而且可以因势利导地掌握交谈主动权,控制交谈走向。但此种交谈方式会给人以不稳重之感,有可能泄密,而且还会被人误以为是在和对方"套近乎"。

②倾听式交谈

倾听式交谈,即在交谈时有意识地少说多听,以听为主。当别人说话时,除了予以必要的配合,自己主要是洗耳恭听。在听的过程中努力了解对方思路,理清头绪,赢得时间,以静制动。倾听式交谈的长处在于它既是表示谦恭之意的手段,亦可后发制人,变被动为主动。但此种方式并非要人自始至终一言不发,而要求以自己的片言只语、神情举止去鼓励、配合对方,否则就会给人以清高自傲、自命不凡之感。

③启发式交谈

启发式交谈,即交谈一方主动与那些不善辞令的谈话对象进行合作,在话题的选择或谈话的走向上对对方多方引导、循循善诱,或者抛砖引玉,鼓励对方采用恰当方式阐述己见。公关人员在采用此种交谈方式时,切勿居高临下,企图以此控制对方,也不可存心误导对方、愚弄对方,令对方丢人现眼。

④跳跃式交谈

跳跃式交谈，即在交谈中，倘若一方或双方对某一话题感到厌倦、不合时宜、无人呼应或难以回答时，及时地转而谈论另外一些较为适当的、双方都感兴趣的话题。跳跃式交谈的长处在于可使交谈者避免冷场的尴尬，恢复交谈的顺利进行。跳跃式交谈虽可对交谈话题一换再换，但交谈者切勿单凭个人兴趣，频繁转换话题，让对方无所适从。要使双方处于平等的地位，共同选择适当的内容。

⑤评判式交谈

评判式交谈，即在谈话中听取了他人的观点、见解后，在适当时刻，以适当方法恰如其分地进行插话，来发表自己就此问题的主要看法。此种方式的主要特征是当面肯定、否定或补充、完善对方的发言内容。在涉及根本性、方向性、原则性问题的交谈中，有必要采取评判式方式。采用这种方式的关键是要注意适时与适度。同时要重视与对方彼此尊重、彼此理解、彼此沟通。切不可处处以“仲裁者”身份自居，不让他人发表观点，或是不负责任地信口开河，对他人见解妄加评论，甚至成心与他人唱反调，粗暴无礼地打断别人的谈话。

⑥扩展式交谈

扩展式交谈，即围绕着大家共同关心的问题，进行由此及彼、由表及里的探讨，以便开阔思路、加深印象、提高认识或达成一致。扩展式交谈的目标在于使各方各抒己见，交换意见，以求集思广益。扩展式交谈方式能使参与交谈的有关各方统一思想，达成共识，或者交换意见，完善各自观点。公关人员在进行扩展式交谈时，一定要注意就事论事，以理服人，善于听取他人意见，切不可自命不凡、强词夺理。

2. 非语言交谈礼仪

非语言也称体态语，又称“人体语言”“动作语言”，它是用表情、动作或体态来交流思想的一种方式。公关活动中，体态语与有声语言一样重要。一举手、一投足、一颦一笑都会表达特定的含义，体现特定的情感，从而给公众留下深刻的印象。下面介绍几种常见的体态语。

（1）表情语

人们脸上的器官眉、目、鼻、嘴构成了一个“三角区”，这个三角区是表情语最集中、最丰富的“地区”。例如，眉毛的动作有二十多种，各表示不同的情绪：皱眉表示为难，横眉表示轻蔑，挤眉表示戏谑，展眉表示宽慰，扬眉表示畅快，低眉表示顺从，锁眉表示忧愁，飞眉表示兴奋，等等。而目光和嘴所表达的情感则更为丰富。

①目光语

目光语是运用眼神、目光来传递信息，表达情感，参与交往的语言。眼睛被人们誉为“心灵的窗口”，人们心灵深处的东西都可以通过这个“窗口”折射出来。运用不同的目光，传递的信息就不同，一般来说，明澈、坦荡、执着的目光是为人正直、心胸宽阔、奋发向上的表现，用这种眼光与人交往，易获得对方的信任；而目光麻木呆滞，眼睛无神，是不求上进、无能为力或自甘堕落的表现，易使对方感觉你无能为力，难以开展工作；目光漂浮游移，眼神狡黠，是为人轻浮浅薄或不诚实的表现，用这种眼光会让人感觉你心神不宁、心不在焉，从而拉大了双方的心理距离，难以进一步交流与合作。在商务沟通中，恰当运用目光语，能增添话语的表达效果。

②微笑语

微笑语是通过略带微笑的、不出声的笑来传递信息的体态语。微笑语是一种世界通用语，它除了表示友好、愉悦、乐意、欢迎、欣赏、请求之外，有时还可表示歉意、拒绝、否定。微笑是友好的使者，是成功的桥梁。它不仅可以美化人们的外形，还可以陶冶人的心灵，在商务活动中不可或缺。但运用微笑语传情达意时，要注意自然、得体。微笑是内心情感的自然流露，切不可装笑。

（2）手势语

手势语也是一种表现力很强的体态语，它常用来补充有声语言的不足。在日常交际活动中，手势语运用的范围很广，频率也高。人们常以招手表示呼唤，摇手表示反对，举手表示赞同，搓手表示为难，摊手表示坦诚，拱手表示礼节。

3. 聆听礼仪

在与客人交谈中，不但要善于表达自己的意思，而且应善于聆听对方的谈话，这样才能使双方进行有效的交流。在聆听对方谈话时，应注意做到以下几点。

（1）主动积极，即对对方的感觉和意见表示出极大的兴趣，并且积极努力去听、去了解对方。如果有不明白的问题，就及时问清楚。

（2）要让对方把话说完，不要打断对方。有时，谈话并不是一下子就能抓住实质的，应该让对方有时间不慌不忙地把话说完，即使对方为了理清思路，做短暂的停顿，也不要打断他的话，影响他的思路。

（3）要去体察对方的感觉。一个人感觉到的往往比他的思想更能引导他的行为，不注意别人感觉的真实面,就不会彼此沟通。体察感觉,意思是指将对方的话背后的情意复述出来,表示接受及了解他的感觉,有时会产生很好的效果。

(4)不要匆忙下结论。一个善于交谈的人,应该努力弄懂对方的谈话内容,完全把握他的意思。

(5)要全神贯注地聆听,不要做无关的动作。对方谈话时,如果你东张西望,或低头只顾做自己的事情,或面露不耐烦的表情,这些都是不礼貌的,都会使对方对你产生反感。

(6)要注意反馈。聆听对方的谈话要注意信息反馈,及时验证自己是否已经了解对方的意思。你可以简要地复述一下对方的谈话内容,并请他纠正。这样将有助于你对对方谈话内容的准确理解。

(7)交谈时,反应要冷静。一个善于聆听的人,总能控制自己的感情。过于激动,无论对讲或听的人来说,都会影响表达或听取的效果。

(8)要注意语言以外的表达手段。一个人的表达内容,并不一定都在他的话语中,因此在聆听对方谈话时,还要注意对方的声调、情调、态度以及表情、手势、动作等,以便充分了解对方的本意。

(9)要抓住主要意思,不被个别枝节所吸引。善于聆听的人,总是注意分析哪些内容是主要的,哪些是次要的,以便抓住问题的实质,避免造成误解。

(10)要使思考的速度与谈话相适应。思考的速度通常要比讲话的速度快若干倍,因此在聆听对方谈话时,大脑要抓紧工作,勤于思考分析。如果对方在谈话时,你心不在焉,不动脑筋,对方谈话的内容又记不住,不得不让对方重复谈话内容,这样就很耽误时间,影响工作。

这就是为什么一个善于说话的人,必须是善于听人说话的人。我们看到那些很会说话的人,经常总是先倾听别人的话,用微笑、点头及偶尔的问话鼓励别人畅所欲言,提高别人的兴趣,刺激别人的思想,而他却静静地聆听,到了一个相当的段落,他才出声开口,然而他的三言两语,却能抓住重点,不但引起别人的注意,打动别人的心,而且能很快地使人信服,迅速而顺利地解决很多问题。叫人听了他的话之后,心悦诚服,大有"与君一席话,胜读十年书"的感觉。

总之,在听的时候,你可以看,可以想,可以观察对方、了解对方,可以寻找恰当有力的词句,你可做的事情很多,而且都是应该做的。让自己多听多想、多准备,让自己的话虽然说得少,却句句有分量、有道理、有趣味,句句动听、句句精彩。

4. 见面介绍礼仪

双方见面后，宾主就应相互介绍。介绍分为自我介绍、为宾主双方充当介绍人和被第三者介绍给对方三种情况。在无第三者的情况下要进行自我介绍，其常用语言是“我叫×××，在××单位工作。”“恕我冒昧，我是××单位的×××。”“您就叫我×××好了。”如果一方有两人以上，则由身份最高者出面做自我介绍，然后再将其他人员按一定顺序一一介绍给对方。

如为宾主充当介绍人，应按一定顺序进行介绍。一般是，先将主人介绍给客人；先把年轻的介绍给年长的；先把男士介绍给女士。以示对客人或年长者、女士的尊重。

被第三者介绍给对方时，要说“您好”“久仰久仰”或“见到您非常高兴”，并主动握手或点头示意，表示友善，创造良好气氛。

有些国家（如日本）的客人习惯于以交换名片来介绍自己的姓名和身份，这样双方见面时，只需将自己的名片恭敬地递给对方即可。

若宾主早已相识，则不必介绍，双方直接行见面礼就可以了。

在双方介绍时，如遇有外宾主动与我方人员拥抱时，我方人员可做相应的表示，万不可推却或冷淡处之。

（1）不同场合的介绍

在交际场合结识朋友，可由第三者介绍，也可自我介绍相识。为他人介绍，要先了解双方是否有结识的愿望，不要贸然行事。无论自我介绍或为他人介绍，做法都要自然。例如，正在交谈的人中，有你所熟识的，便可趋前打招呼，这位熟人顺便将你介绍给其他客人。在这些场合亦可主动自我介绍，讲清姓名、身份、单位（国家），对方则会随后自行介绍。为他人介绍时还可说明与自己的关系，便于新结识的人相互了解与信任。介绍具体人员时，要礼貌地以手示意，而不要用手指指点点。

介绍也有先后之别，应把身份低、年纪轻的介绍给身份高、年纪大的，把男士介绍给女士。介绍时，除女士和年长者外，一般应起立；但在宴会桌上、会谈桌上可不必起立，被介绍者只要微笑点头有所表示即可。

（2）介绍的多种方式

①介绍自己

在社交活动中，如果想结识某个人或某些人，而又没有人引见，可以自己充当自己的介绍人，把自己介绍给对方。确定自我介绍的具体内容，要兼顾实际需要、所处场景，要具有鲜明的针对性，不要“千人一面”。有时可以把自己的姓名同名人的姓氏或是常用名词相结合，以增强别人的记忆。

②介绍别人

在为他人做介绍时，可以遵循这样的顺序：把年轻的介绍给年长的；把职务低的介绍给职务高的。如果介绍对象双方的年龄、职务相当，异性就要遵从“女士优先”的原则，即把男士介绍给女士；对于同性，可以根据实际情况灵活掌握，比如把和你熟悉的介绍给和你不熟悉的，也可以从左到右或从右到左地介绍等。为别人介绍之前要征求一下被介绍双方的意见，在开始介绍时再打一下招呼，不要上去开口即讲，让被介绍者措手不及。当介绍者询问是不是要有意认识某人时，不要拒绝或扭扭捏捏，而应欣然表示接受。实在不愿意时，要委婉说明原因。当介绍者走上前来，开始为你进行介绍时，被介绍者双方都应该起身站立，面含微笑，大大方方地目视介绍者或对方。当介绍者介绍完毕后，被介绍者双方应依照合乎礼仪的顺序进行握手，彼此问候一下对方，互递名片，作为联络方式。不论是给别人做介绍还是自我介绍，被介绍双方态度都应谦和、友好、不卑不亢，切忌傲慢无礼。

5. 握手礼仪

握手是人们相互见面和离别时的礼节。此外，它还含有感谢、慰问、祝贺和相互鼓励的意思。握手的标准方式是行至距握手对象 1 米处，双腿立正，上身略向前倾，伸出右手，四指并拢，拇指张开与对方相握，握手时用力适度，上下稍晃动三四次，随即松开手，恢复原状。与人握手，神态要专注、热情、友好、自然，面带笑容，目视对方双眼，同时向对方问候。握手作为一种礼节，还应掌握四个要素。

（1）握手力度

握手时为了表示热情友好，应当稍许用力，但以不握痛对方的手为限度。在一般情况下，握手不必用力，握一下即可。男方与女方握手不能握得太紧，西方人往往只握一下妇女的手指部分，但老朋友可以例外。

（2）先后顺序

握手的先后顺序为男女之间，男方要等女方先伸手后才能握手，如女方不伸手，无握手之意，男方可用点头或鞠躬致意；宾主之间，主人应向客人先伸手，以示欢迎；长幼之间，年幼的要等年长的先伸手；上下级之间，下级应等上级先伸手以示尊敬和尊重。握手时精神要集中,双目注视对方,微笑致意,握手时不要看第三者,更不能东张西望,这都是不尊重对方的表现。

(3)握手时间

握手时间的长短可根据握手双方认识程度灵活掌握。初次见面者,一般应控制在5秒钟以内,切忌握住异性的手久久不松开。即使握同性的手,时间也不宜过长,以免对方欲罢不能。但时间过短,会被人认为傲慢冷淡,敷衍了事。

6. 外事往来礼仪

在涉外公关中,外事往来礼仪可能危及国家和民族的形象,不遵行外事活动礼仪,就不可能在国际上树立组织的良好形象。

(1)外事交往中的礼节

①举止要端庄。不要用手指人,不要喧哗、放声大笑、大声喊人。走路不要搭肩膀。遇急事可加快步伐,但不可慌张奔跑。

②走路时,要注意自己的身份。主陪人员不要走在主宾人员后面,非主陪人员也不要抢前。出门、进门、上车、进电梯,应先让老人和女士先行,但下车、下楼时,男士应先行。

③外事社交场合谈话前先要弄清对方身份,以便谈话得体,有针对性。谈话时要自然、和蔼,要注意倾听。

④对方讲话如未听清,可再问一遍。如发现对方对自己的讲话有误解,应进一步解释。

(2)用西餐时应注意的礼节

①餐桌上不能随便打开餐巾,必须等女客人先打开;餐巾应铺放在双膝上;餐巾只用作擦嘴,不要用来擦脸;用餐完毕,要把餐巾放在餐桌上。

②使用餐具,应左手握叉,右手持刀。

③不喝酒的人不要把酒杯倒置,应轻按杯沿才对。凡已倒入酒杯的酒,务必喝完。

④喝汤要用右手拿汤匙一勺一勺向外舀,然后送入口中,切忌将盘或碗端起来,用口吸食,切勿吱吱出声。

⑤吃面包通常要涂点黄油或果酱。吃面包前,用小刀取适量黄油放在盘子的左角,用手把面包撕成小块,涂上黄油,送入口中。

⑥除了面包之外,还有几种食物可用手拿着吃,如烤鸡、炸薯片、炸咸肉片等。

⑦不论什么食物,用手拿着吃时,应注意只用两个指头。虾壳、果皮等,应放在盘子的

右角,不要放在桌子上。

⑧吃水果时,水果核应放在手中,不要直接吐在盘子里。

⑨喝咖啡时,要端起杯子,不要用汤匙喝,汤匙是用来搅拌糖块的。

上面所述虽然都是小事、小节,但反映了一个人的文明程度。因此遵守社会公德,讲究公共卫生不仅是塑造每个人的形象,也在某种程度上塑造了我们整个民族、整个国家的形象。对于从事外事公关工作的人来说,直接参与塑造民族和国家的形象,更应注意。

第二章　公共关系从业人员

公关人员即公共关系人员，英文为 Public Relation Practitioner，缩写为 PRPractitioner。在欧美国家，对公共关系人员的称呼有 PRPractitioner（公共关系从业人员）、PRMan（公关人员）、PROfficer（公关官员），指的是以从事公共关系理论研究、教学活动和实践工作为职业的人员。我国劳动与社会保障部将公关人员定义为专门从事组织结构的公众信息传播、关系协调与形象管理事务的调查、咨询、策划和实施的人员。中国国内学者喜欢把这些人员统称为公共关系工作者。

公关人员从狭义上理解是指从事公共关系职业的专职人员。从广义上理解，公关人员泛指组织内部和外部从事直接的公关工作、公关理论研究和公关教学的人员，以及在公关协会等公关组织结构工作的人员。

第一节　公关人员基本素质

一、公共关系意识和观念

1. 公关人员的公共关系意识

所谓公共关系意识就是将公共关系原则内化为内在习惯和行为规范。它是一种现代经营管理思想、观念和原则，它是公共关系实践在人们思维中的反映。公共关系意识是公关人员应具备的基本素质的核心。公共关系意识主要包括以下几个方面的内容。

（1）信誉意识

以诚实、友善、责任感为基础的信誉意识，是公关人员最重要的公共关系意识。

（2）形象意识

以知识、沟通和尊重人为标志的形象意识，是公共关系人员必须确立的又一公共关系意识。

(3)国际意识

以服务公众和未来为特色的国际意识,也是公共关系人员不可忽视的一种公共关系意识。

美国希尔斯百年老店的企业理念:

第一条　顾客永远是正确的。(公关意识的经典表述)

第二条　如果顾客是错的,请参照第一条。

(4)互惠意识

最好的公共关系状态是组织与公众都能实现各自的利益目标,即“双赢”乃至“多赢”。

公关名言:钱大家赚,利润大家分享,这样才有人愿意合作。假如拿10%的股份是公正的,拿11%也可以,但是如果只拿9%的股份,就会财源滚滚来。如何让生意自己跑来找你,就要靠朋友;如何结交朋友?那就要善待他人,充分考虑对方的利益。

——香港著名商人李嘉诚的创业格言

2.公关人员的公共关系观念

公共关系观念代表了一种现代社会组织的开明观念,代表了一种现代社会交往的文明观念,代表了一种现代社会组织的职业观念。

【问题】　顾客争座位时,肯德基的服务人员应怎么办?

从公共关系的角度来看,肯德基的服务人员对顾客争座位一事应该管,而且管得越早越好。

从这一事件我们应该吸取教训,在以后的工作中应注意以下问题:

(1)培养员工的公关意识十分重要

目前不少公司的员工宁输公司的形象也不愿输理,因小失大,就源于公关意识的薄弱,看不到形象作为无形资产对于公司的巨大价值。公关不只是公关部的责任，进行员工素质培养，推选全员公关，是各种社会组织不应忽视的。

（2）公关无小事

公关危机大都是由小事件引起的，公关应从小事抓起，而不是在引起轩然大波之后再来处理方显公关水平。消除隐患，防微杜渐，是危机公关的主要原则。出现危机就手忙脚乱，无应对之策，说明公关管理仍有漏洞。塑造形象的公关工作当从点滴做起，而现在一些企业热衷于“大手笔”，重视媒体公关，往往忽视了日常公关管理，这正是造成企业名声在外，而消费者却不满意的现象的原因之一。

（3）勇于承担责任是企业公关的一种境界

公关要塑造的一个重要方面是企业的社会形象，而一个企业的形象是否表里如一，就在于其在经营活动中是否勇于承担与其形象对应的社会责任与义务。怕担责任甚至出了事拒绝承担责任的企业是让消费者寒心的。此类行为一旦发生，必然使公司的美誉度大受损害。而是否积极承担社会责任与义务，是真公关和假公关的分水岭。

（4）“莫以善小而不为”

在中华民族传统文化中，有“万事德为先”的思想，这也是一个优秀企业内在品质的表现。南昌肯德基员工在两位顾客争座位过程中，就缺乏这一品质，始终没有挺身而出为顾客排忧解难。其实他们争的不过是一个座位而已，只要肯德基的员工设法为其再提供一个座位，事情马上就可得到解决。而其“管不了”的态度无疑让人们为其落伍的企业价值观感到深深的遗憾。

二、知识内容和知识结构

1. 公关人员的知识内容

所谓公关策划人员的知识，就是指他们应具备的知识总和。从其总体内容上来分，公关策划人员的知识应包括公关理论知识、管理科学知识和一般知识三部分。

（1）公关理论知识

公共关系理论是人们对于公共关系实践活动的科学总结和理论概括。它是由许多具有普遍性的原理、原则和方法组成的一个具有内在逻辑的知识体系，它也是公关人员包括公关策划人员从事有效的公关实践的指南和依据。随着组织公共关系领域的扩大和内容的充实，对于公关策划人员公关知识的要求越来越高。

（2）管理科学知识

公关策划就其实质来说是一种决策活动，它涉及组织的各个方面。因此，作为一名称职的公关策划人员必须具有扎实的现代管理科学知识，尤其是决策学方面的知识。美国公关专家塞特尔在其所著《实用公共关系学》一书中指出："一位公共关系人员要经常与高级管理人员来往，且时常在压力情况下受命任事，他必须通晓企业决策过程中的每一阶段和步骤，从行销到制造，从财务到采购。"据美国公共关系协会发表的一份统计资料表明，美国企业或公司的公共关系部门的主管，一般都是公关策划人员，75%以上的人受过正规的企业管理方面的教育与培训。

（3）一般知识

公关策划人员除了要掌握公共关系和管理科学知识外，还应博览群书，具备其他相关的人文科学知识，如传播学、新闻学、文学、心理学、社会学、市场学、政策学、法律学、统计学，以及艺术科学和外语等。这是因为，一方面，公关策划学理论本身是一门新兴的交叉科学，它的理论体系和内容涉及上述各种学科；另一方面，公关策划实践也要大量应用上述诸类学科的内容。

总之，作为一名出色的公关策划人员，应当具备多方面的知识，具有广泛的知识素养。只有这样，才能对公关策划工作得心应手。

2. 公关人员的知识结构

公关人员的这三部分知识及其相互关系，构成了他们应具有的知识结构。

（1）蜘蛛网型知识结构（复合型人才知识结构）

蜘蛛网型知识结构是以所学的专业知识为中心，与其他专业相近的、有较大相互作用的知识作为网状连接，形如蜘蛛网。这种知识结构，是以自己的专业知识作为一个"中心点"，与其他相近的，作用较大的知识作为网络的"纽结"相互联结，形成一个适应性较大的，能够在较大范围内左右驰骋的知识网。这种蜘蛛网型知识结构的特点是知识广度与深度的统一，这种人才知识结构呈复合型状态。

（2）帷幕式知识结构

这是法国管理专家法亚尔提出的较为形象的知识结构，他着重进行知识、能力、素质与高技能人才成长模式的研究，他认为对一个企业而言，所需要的知识主要有技术、管理、财政、商业、会计和安全六个方面。

(3)飞机型知识结构

我国企业界管理新秀翟新华认为优秀的企业管理人才的知识结构应是“飞机型”的,即机头部分是宏观经济理论,主要包括政治经济学、经济管理概论、财政学、商业学、银行货币知识等;机身部分是丰富的宏观经济和微观经济活动的实践经验;机尾部分是微观经济理论,主要包括计划管理、生产管理、财务管理、物资管理、技术管理、工业企业和商业企业管理概论等;两翼部分是外文和数学。

三、公关人员的个性特点

公关人员要开朗大方、善解人意、天资聪敏、博学多才、勤奋认真,身体要健康。

1. 性格决定命运

开朗大方的人交友广阔,见识阅历一定丰富,人际网络的广度决定成功的概率。

2. 情商影响人际

善解人意的人受人欢迎,找人帮忙一定容易,人缘良好的优势影响成功的速度。

3. 智商关系抉择

天资聪敏的人头脑灵活,遇事抉择一定优胜,天资聪敏的优点关系成功的大小。

4. 知识支撑人生

博学多才的人长盛不衰,事业成就一定长久,博学多才的深度关系成功的长度。

5. 态度保证成功

勤奋认真的人令人尊重,严谨负责一定无过,无过是成功的真理,是成功的保证。

6. 身心享受成功

身心健康才能享受成功,身体是成功的本钱,身心健康是成功的延续。

四、公关人员的心理素质

公关活动具有多样性、复杂性和高度创造性等特点,公关策划者要承受比一般人更为沉重的心理压力。因此,一位称职的公关策划人员要胜任自己的工作,没有良好的心理素质是不行的。这些心理素质包括:健全的性格、稳定的情绪、坚强的意志、广泛的兴趣。

人的心理素质主要是在后天的实践中逐渐形成的。先天素质的差异虽然对形成一个人的心理素质有一定的影响，但并不是决定性因素。因此，策划者可以通过自身的实践活动和努力，来完善自己的心理品质。

第二节　公关人员基本技能

英国公关专家杰弗金斯认为，“从广义上说，公关工作者需要具备以下几项条件：交际能力、组织能力、与人相处的能力、诚实正直、想象力和求知欲”。

一、组织能力

现代社会复杂多变，组织的生存与发展都面临着严峻的挑战。建立高标准的公共关系长远目标，制订切实可行的达到公共关系目标的发展战略和策略，是使组织不断向前发展的重要保障。因而公关策划人员要作全面的长远的考虑，不能目光短浅，只顾眼前的局部利益。要站得高看得远，要有胆有识，从战略的角度去策划目前的公关活动，并使之成为远景规划的一部分。

策划需要集思广益，借他山之石。但他山之石是否奏效，对于不同的意见、方案该如何选择，这就需要公关策划者通过自己的分析来进行最后选择。同时，公关活动涉及组织和公众的各个方面，活动方式和策略也很多，而每一种公关方式会有不同的效果，这就使得策划人员在分析各种情况和结果时带上了鲜明的综合性。因此，这就要求公关策划人员具有分析综合、统筹决策的能力和魄力。

美国学者指出，“衡量公关人员的最根本标准是善于发现问题和解决问题”。“成熟的公关人员对其工作时间会作这样的安排：10%的时间用于处理技术性问题，40%的时间用于实施行政管理，50%的时间用于分析与判断问题”。

二、社交能力

社交能力是衡量一个现代人对开放的社会适应与否的标准之一。美国《商业月刊》对美国237家大企业的总经理进行调查后提出，目前美国企业界对其负责人的第一条要求就是在企业内外搞好关系，企业领导人像国会议员那样善于与人交往。对于这个组织的公关策划人员来讲，他们也应该具备这种社交能力。

公共关系的对象是公众，公关策划的着眼点是与公众保持良好的关系，让公众对组织产生美好的印象。因此，一个成功的公关策划人员必须具备善于与公众打交道的本领，为组织的生存和发展创造“人和”的人事环境和社会气氛。

我们知道，一名公关策划者占有信息量的多少是他策划成功与否的决定因素之一。而信息弥散在社会的各个角落，善于交际的人，肯定在信息的获取上占有优势。据报道，现在许多科技人员的专业信息，50% ~80% 来自于文字以外的渠道，即从同学、朋友、同行的聚会、聊天、讨论中获得的，只有 20% ~50% 的信息是从文字材料中得到的。这个数字不一定精确，但它能在一定程度上说明社交对信息获取的重要作用。

公关人员工作的大量内容是直接面对各方面、各类型的社会公众，去迅速建立双向的有效沟通，赢得好感、认同与合作。这就要求公关人员必须具备较强的与人打交道的本领，即社交能力。只有这样，公关人员才能在各种社交场合从容应付，广交朋友，广结良缘，树立自己的良好形象，也为组织赢得更多的发展机会。

法国总统戴高乐 1960 年访问美国时，在一次尼克松为他举行的宴会上，尼克松夫人费了很大的心思，布置了一个美观的鲜花展台，在一张马蹄形的桌子中央，鲜艳夺目的热带鲜花衬托着一个精致的喷泉。精明的戴高乐将军一眼就看出这是主人为了欢迎他而精心设计制作的，不禁脱口称赞道：“夫人为举行这次正式宴会一定花了很多时间来进行漂亮、雅致的计划与布置吧！”尼克松夫人听后十分高兴。事后，她说：“大多数来访的大人物要么不加注意，要么不屑因此向女主人道谢，而他却总是能想到别人。”也许在别的大人物看来，尼克松夫人所布置的鲜花展台，只不过是她作为一位副总统夫人的分内之事，没什么值得称道的。而戴高乐将军却领悟到了其中的苦心，并因此向尼克松夫人表示了特别的肯定与感谢，从而也使得尼克松夫人非常感动。

三、表达能力

表达能力包括口头表达能力和书面表达能力。口头表达能力是指说话要准确、形象、生动，要有表现力，这就要求说话者用词得当、修辞华美、发音纯正、吐词清晰、逻辑性强。书面表达能力，即“笔头工夫”，写作要流畅、准确、得体而又生动、形象。公关策划人员应该具备这两种方式的表达能力。

公关策划人员要将经过悉心谋划好的公关方案付诸实施，要准确地将方案布置给公关人员，让他们按既定方案进行活动，而这个过程就需要公关策划人员具有口头和笔头表达能力。同时，在公关活动中，如果条件发生变化而不得已调整公关方案时，也需要公关策划人员迅速、准确地将调整后的策略和技巧告诉公关人员，这也需要公关策划人员有较强的口头和笔头表达能力。在与客户交往时要能准确、清楚地将自己的方案表达出来，让客户领会和接受你的公关方案。

四、应变能力

公关策划人员的应变能力，实际上是一种根据不断发展变化的主客观条件随时调整公关策略的难能可贵的创新能力，同时面对各种突如其来的事件也应沉着冷静地处理好。

【案例一】

1985年12月31日晚至1986年2月25日，短短两个月内，在兰州、南京、成都有3个用户，使用南京热水器厂生产的“玉环”牌热水器洗澡时连续发生重大人身事故，其中还有外国友人。一石激起千层浪。对此，《人民日报》《光明日报》《工人日报》《经济日报》以及成都电台、南京电视台等17家新闻单位纷纷对该厂进行批评。霎时间，南京热水器厂风云突变，四面楚歌，危在旦夕。该厂生产的上万台热水器积压，用户纷纷要求退货，主管部门令其停产整顿，致使职工发不出工资，1986年亏损18万元，工厂陷入前所未有的低谷。在此危急关头，厂领导决定展开强大的公关攻势：首先查清事情原委，将事实真相及时公布于众；二是广泛宣传，诱导消费，挽回影响；三是承担应负的责任；四是强化管理，提高产品质量，大力开展促销活动，他们把“玉环”发给职工，以现身说服公众。经过一番周密细致的公关策划，重塑企业形象，终于使南京热水器厂起死回生。

五、创新能力

20世纪60年代末，年近花甲早已功成名就的哈默到利比亚把赌注押在两块油井租地上，巨资投入后仍滴油未见。他的计划被董事会中的多数人称为“哈默的蠢事”。顶着巨大的压力，哈默坚持把险冒到了底。喜剧结果这里就不说了。洛克菲勒购买利马油田的风险则更大，因为该油田中的油含硫量很高，炼制的技术问题当时尚未解决。但他以“虽千万人，吾往矣”的魄力，终获巨大成功。

创新显然也是一种冒险，它没有成功可鉴。犹太民族特有的冒险精神令犹太商人在产品上，在经营手段上，在许许多多方面上打破常规，引领变革，如赛缪尔·马克思（壳牌创始人）首次建油轮批卖石油，罗森沃德第一个奉行最高商业信誉“不满意可以退货”，等等。

六、自控能力

公关人员要代表组织面对公众，因而他们在公众面前应展示一种“公务性自我”。职业要求公关人员带着“永恒的微笑”，公关人员不管自己遇到什么困难、内心多么烦躁甚至痛苦，不管遇到多么挑剔的公众，都应通过自我调节加以控制。个人的喜怒哀乐、心理失衡应通过正确渠道去宣泄，而不应带给公众。这不仅是公关人员应具备的一种能力，而且也应是公关人员的一种职业道德。

第三节　公关人员的培养

一、公关人员的选拔

公关人员的选拔原则包括：任人唯贤的原则、重视能力的原则和用人之长的原则。

二、公关人员的培养方式

1. 通才培养

有人把此类人才结构形象地称为“三个三分之一”，即三分之一的企业家，有企业家头脑，强烈的经济效率的观念，敢于竞争，追求卓越的自信以及敏锐的洞察力、丰富的想象力、果断的判断力和较顽强的意志力；三分之一的宣传家，有较强的形象观念、信息观念，能说会写，富有传播技巧，信息灵通，左右逢源；三分之一的外交家，待人热情真诚，说话幽默高雅,举止端正,态度谦和,善交朋友。

2. 专才培养

专才培养就是比较精通于某方面的公关技术技能,如编辑、写作、设计创意、市场调查、绘画摄影、设计广告等。这类人才是公关工作不可或缺的人才,是某方面的专家,较适宜于公关工作中某些具体的业务工作。

三、公关人员的培训

1. 培训内容

(1)思想教育和政策教育;

(2)公共关系理论知识;

(3)公共关系实务知识;

(4)公共关系礼仪知识。

2. 培训途径

(1)学校教育;

(2)短期培训;

(3)业余学习。

3. 培训课程

(1)专业骨干课程,包括公共关系学、公共人员素质、专业公关和公关策划。

(2)传播学及相关门类课程,包括传播学原理、媒介理论与实务、演讲与口才、人体语言、公关应用写作、电脑应用、谈判理论与技巧。

(3)管理学及其相关课程,包括管理学原理、组织文化、市场营销、广告概论、会计学原理和法律门类课程(如经济法)。

(4)基础课程,包括社会学、心理学、文化学、逻辑学和美学。

4. 考核

(1)形象考核。非专业的公关课程的考试,也应该与学科内涵相统一,所以我们强调形象考核,通过外显形象内化其内在的行为规范与准则,提升大学生的素质和涵养。

(2)情商考核。公关人才应是敢于坚持真理、尊重科学、实事求是,还应该乐于竞争,善于合作,学会承受失败,正确地对待他人的批评。既有自我表现、自我实现的热情和冲动,又善于把自己的力量融入集体力量和他人力量之中,取得事业上的成功。

(3)能力考核。素质是一种内在的心理品质,能力则是素质的一种外在表现,所以从全面提高学生的整体素质出发,更要注重培养学生的口头表达能力、团结协作能力、社会交往即"做人"的能力,还应重视学生的分析问题、解决问题的能力,实际操作的能力,创新思维的能力,等等。

第三章　组织内外部公共关系

第一节　组织内部公众关系

一、内部公众与组织形象的关系

一个社会组织的内部公众主要包括员工公众和股东公众。员工公众主要包括决策层、知识层、管理层和操作层。股东公众一般分为两大类:一类是个体投资者,如股票持有者和股票交易者;另一类是团体投资者,如金融机构、保险部门、各种资金管理机构以及各种社会组织等。

1. 内部公众是组织形象的体现者

内部公众的文化素养、专业水准、职业道德、精神风貌、言谈举止、服务态度和穿戴仪表都是组织形象的缩影,是组织形象的代言人。

2. 内部公众是组织形象的传播者

内部公众处在组织对外公共关系的第一线,不管组织有没有要求,他们都在有意无意地传递着组织的信息。例如,内部公众经常被问到这样的问题:你喜欢在这家公司工作吗?你觉得你的老板为人如何?你们的产品究竟好不好?他们的回答往往比千万种宣传都有说服力。因为内部公众在外部公众中享有最高的可信度,无论内部公众有无权威性,都会被人们视为权威人士,人们相信他们最了解所在机构的内情。由此可见,内部公众的传播行为,对塑造组织形象有着举足轻重的作用。

3. 内部公众是组织形象的反馈者

内部公众经常与消费者、竞争者、社区公众以及其他公众对象接触,比较了解外界对组织的观点看法,可以随时随地将外部信息反馈给组织。这种善意的、无偿的回馈将有助于组织形象的矫正和重塑。

4. 内部公众是组织生存、发展的基石和动力

俗话说“水能载舟,亦能覆舟”。内部公众就像水,在组织形象中可以载之,也可以覆之。在现实工作中如果企业内部公众关系处理不当,严重时可以导致企业倒闭。例如,由于领导层之间的钩心斗角,将企业的机密信息泄露出去,引发组织的分崩离析的案例在现实工作中时有所闻。

二、内部公众需求分析

1. 工资报酬与福利待遇

工资报酬和福利待遇是员工努力工作的根本动因,是员工对组织的基本要求,员工希望得到公平的待遇和合理的劳动报酬,这是人之常情。制定合理的分配制度,公平地解决劳动报酬问题,是组织管理中的一件头等大事。

奖金是工资之外用以表扬优秀员工的一种物质激励手段。奖金发放的原则是,既要刺激进步,又要有利于团结。福利是员工关心的又一重大问题,主要包括住房、医疗、育儿、养老、娱乐、教育等福利内容。

工资报酬、奖金福利是组织发展的利益驱动力,是确保员工工作热情和劳动积极性的原始动力。

2. 工作环境

工作环境既包括物质环境和精神环境,也包括利益环境和发展环境。工作环境直接影响人的工作热情和积极性,因此,内部公众往往追求一个既喜欢又满意的工作环境。知识经济时代,新知识工人不再像传统组织工人那样,仅仅注重劳动收益,他们更注重知识力的发挥,他们更希望寻找一个充分发挥自己知识潜能的环境。对发展空间的要求比利益空间的要求更迫切、更大。因此现代组织必须为他们提供一个完整的工作环境,创造一种温暖的情感氛围,让员工产生一种归属感。

3. 领导素质

领导素质是指领导者个人所具有的品德、能力、知识、修养和领导艺术等。领导素质的高低,直接决定着组织素质的高低,也直接决定着组织内聚力的高低,也决定了企业是否具有生存与发展的活力。一个组织的领导者是组织理想的构思者和实践者,他的自身魅力能吸引众多追随者,能吸引更多的优秀人才,树立一个组织的精神信念。对员工来说,他不仅

挑选工作，而且挑选领导，有时候，领导比工作更重要，一个好领导可以让员工感到工作更有价值，生活更有意义。

4. 管理制度

管理制度主要包括组织机构设置、民主管理制度、财务制度等。员工希望增强管理的科学性、民主性和公开性。

5. 组织氛围

氛围是人与环境互动的状态，好的氛围能让内部公众产生归属感，热爱自己的组织，有组织即我家、我爱我家的亲切感，能为了这个大家共同的“家”出力献策、奋发图强、忘我工作。

三、与内部公众协调关系的主要方式

1. 协调与员工关系的主要方式

(1) 尊重员工的个人价值

组织追求的是团体价值，但团体价值是和团体中每一个个体的价值联系在一起的，需要通过个体价值的实现来实现。因此，组织应当尊重员工个体的价值，善于引导员工个体价值与组织价值相一致。尊重员工的个人价值，就是要了解员工的状况、需要，尊重员工的物质利益和精神需求。

(2) 正确运用激励方法是保证

要运用管理激励、奖惩激励、领导行为激励、榜样激励等各种方法激励员工，调动员工的积极性，使他们为实现组织目标而努力。

(3) 保持与员工的沟通是必要条件

如通过召开员工大会与股东大会、个别交流、文字传播、合理化建议活动、娱乐活动等，加强与员工之间的情感交流。

2. 与股东协调关系的方式

股东公众是组织的投资者，是以集资和认股的形式向组织提供资金以求获取利润的个人或团体，主要包括四类，即普通股东、集资职工、董事会成员和金融舆论家（如证券分析家、股票经纪人等）。

在公共关系活动中，股东也是组织内部公共关系工作的重要对象。股东与组织的利益

相关点有以下几个方面。

(1)股东是组织的“财源”

股份制公司的资金是由股东大众集资和投资而来的,其股权为大众所有,其利润为大众所分享。因此,在国外这样的企业也被称为“大众公司”,股东是企业的“财神”。

(2)股东是组织的“权源”

在股份制企业的组织结构中,股东大会是最高权力机构,由股东大会推选大股东组成董事会,由董事会任命总经理等。

(3)股东是组织的“信息源”

众多的股东分散在社会的各行各业、各个阶层,可为组织提供多方面的信息。

(4)股东是组织的“宣传员”和“推销员”

股东和组织利益息息相关,可为组织宣传和推销产品或服务,提高组织的知名度。

组织要搞好同股东的关系,必须做到以下几点:

①维护股东的正当权益。组织要树立股东权益意识,切不可损害股东的权益,这是处理好与股东关系的前提。

②满足股东的心理需求。股东购买了组织的股票,自然就会产生一种“主人意识”,希望了解组织的信息,关心组织的发展状况,组织应当满足股东的这种心理需求。

③争取股东对组织决策的参与和支持。组织应采取各种方式,采纳股东对组织经营管理方面的意见和建议,争取股东对组织决策的参与和支持。

【案例二】

桂林市金刚房地产公司每月文体娱乐活动方案

一、活动宗旨

强素质,树形象,促发展,增凝聚。

二、活动时间

每月月底双休日。

三、活动地点

视具体情况而定。

四、活动内容

从2月份起,拟在金刚公司全体员工中开展一系列的文体娱乐活动,营造公司内部的良好气氛,增强员工的凝聚力。活动不能只求放松,还要有意义。

3月份:"三八"节妇女同乐;弘扬雷锋精神,参与公益活动。

4月份:"添新绿"植树活动。

5月份:郊游踏青,走进大自然,饱览景色,感受民风民俗;聚餐,聚会,卡拉OK;保龄球健身。

6月份:乒乓球比赛。

7月份:组织和参与香山画苑小区游泳比赛,与小区居民同乐。

8月份:到桂林市福利院看望、慰问儿童。

9月份:桥牌、麻将等棋牌有奖赛。

10月份:重阳节登山比赛;到桂林市福利院看望和慰问老人。

11月份:羽毛球友谊赛。

12月份:组织和参与小区迎新年晚会。

五、活动经费

每次活动费用预算在5 000元左右。若某月因天气或工作安排等原因不能组织活动,建议将本月资金累积到下个月份。

金刚公司办公室
2006年2月3日

第二节　组织外部公众关系

外部公众是指组织之外的与组织有实际的或潜在的利益关系和影响力的公众。组织最主要的外部公众包括社区、政府、新闻界、顾客等,它们构成了组织生存和发展的外部社会环境,是制约和促进社会组织生存和发展的重要因素。了解和研究外部公众,协调与各类外部公众的关系是公关工作十分重要的内容。

外部公众与组织形象之间的关系是:外部公众是组织的外部舆论环境,是组织实际形象的评价者。以企业为例,外部公众构成的舆论环境问题主要包括三个方面:一是产品知名度、企业知名度、企业家知名度;二是产品形象、企业形象、企业家形象;三是产品信誉、企业信誉、企业家信誉。这三个方面相互联系,公众首先要了解产品,了解企业,了解企业家,才能对他们产生印象。好的印象日积月累,于是形成了信誉,即美誉度。由此可见,外部公众对组织的正确认识和良好评价是塑造组织形象的关键所在,外部公众对组织的认识程度决定了组织知名度的高低,评价程度决定了美誉度的高低。但是组织并不是被动地屈从于外部公众,简单地适应外部公众。社会组织往往能够积极主动地反作用于外部公众,引导外部公众,改造外部公众。公共关系正是促使社会组织与外部公众保持动态平衡的协调机制。

一、组织与社区关系

社区是社会学的概念,是指以一定地域为基础的社会集体。具体地说,居住于一定社会里的、具有共同联系并彼此交往的人们,就构成了一个社区。例如,村庄、集镇、街坊邻里、城市的一个市区或郊区,甚至整个城市,都是在规模上大小不一的社区。社区是一个相对独立的地域性社会,每个社区都有其特定的人口和特定的地理区域,其居民之间有着共同的制度、共同的价值观念以及重要的社会交往。

社区公众是公共关系学的概念。它是相对社会组织而言的,是指社会组织所在一定地域范围里的区域关系对象,主要包括当地的居民家庭、社区管理部门、各种社会性组织与社区公众形成的公共关系。社区关系亦称区域关系、睦邻关系、地方关系。“远亲不如近邻”这种传统观念也就是说要搞好社区关系,使组织和社区之间建立、保持一种亲情和相互理解的关系。

1. 社区公众的重要性

(1)社区公众是组织劳动力的主要来源

劳动力是社会组织正常运转的基本保证,而组织大部分的新员工主要来自社区的居民。这种就地取“材”的方法,不但可以节约组织的招聘费用,而且可以使社区居民安居乐业,减少社区以及组织的不安定因素。社区居民的教育文化水平往往决定着组织员工的素质,决定着组织的发展后劲。

(2)社区是组织最可靠的后勤保障系统

组织的正常运转,除人才外,还需要各种社会支持系统和保障系统,例如,水电供应、道路交通、邮政通信、治安保卫与消防等，在这些后勤保障系统中，有相当一部分来自于所在的社区。组织所需要的相当大一部分的物资，也有赖于社区的提供。另外，组织员工和家属的日常生活也要依赖于周围的商店、医院、幼儿园、学校、电影院、菜场、停车场等，社区生活环境的配套完整，可以解除组织员工的后顾之忧，使其全心全意地投入工作。

(3)社区公众是组织较稳定的顾客

组织提供的产品和服务在社区内推出，可以减少大量的运输费用与仓储费用，降低商品的价格。同时，组织可以较快地从社区公众中获得反馈信息，及时改进产品，提高在市场上的竞争力。从顾客的角度说，购买或享受本社区的产品或服务，不仅价格上有优惠，而且售后服务更为方便。良好的社区关系有助于促成这种购买倾向，形成稳定的顾客队伍。

(4)社区文化会影响组织文化

社区文化是指社区公众在社会生活过程中创造孕育出来的人为环境、行为习惯和行为方式，它为社区成员所共享，又由社区成员所共创和发展。社区文化的物质层面、精神层面、制度层面都会影响渗透到社会组织中去，成为组织文化的一个组成部分。

总之，社区是组织生存发展的土壤，离开了这个土壤，组织就无法生根立足，更谈不上发展壮大了。

2. 处理社区关系的方法

美国公关学家罗伯特·L·狄恩达在《公共关系手册》中指出："公共关系学是从社区关系开始的，而且应该认为社区关系是公共关系中一个专门组成部分，值得特别考虑、计划与实施。良好的社区关系将使公司受益无穷。"

组织怎样才能建立良好的社区关系呢？关键就在于促使组织社区化。组织社区化具体包括信息社区化、活动社区化、利益社区化和性格社区化四个方面。

(1)信息社区化

加强与社区公众的信息沟通，是搞好社区关系的基础。信息社区化包括两个方面，即组织信息社区化和社区信息组织化。一方面，社会组织应将本组织的政策宗旨、工作业务、员工人数、工资与福利待遇、产品用途、治理"三废"的情况、对社会的种种支持等信息及时有效地传递出去，以增加透明度，提高知名度；另一方面，组织负有宣传社区的责任，通过对社区的历史、传统、区位、建筑、自然景观、人口结构、社区人物及社区事件等社区信息的宣传和介绍，增进社区全体成员对所在社区的了解和认同。

（2）活动社区化

要证明组织是社区内的好公民、好邻居，最佳的方式就是同社区打成一片，使社区公众觉得组织的一举一动都是与社区相一致的，这样组织的运行机制就达到了社区化。

社区活动是社区成员相互认识、相互交流、相互影响的重要途径。正是在丰富多彩而又有自己特色的社区活动中，人们的社交、受尊重的需求能得到相当满足的程度，社区活动既可促进社区成员价值观的趋同，也使社区生活方式更加特色化和定型化。因此，组织本身要多参加一些社区公益活动，社会组织应鼓励组织中各级人员参加社区的各种活动，而且越多越好。比如参加社区大会、庆祝会、联谊会，参加植树活动、卫生防疫活动、社区文化活动和社区互助活动等。

（3）利益社区化

组织是社区的一分子，社区的利益也是组织自己的利益，对社区的损害就是对组织的损害。组织与社区拥有共同的基本利益要求，如都希望有卫生安全的生活环境、畅通的交通、完善的文化娱乐设施等。因而一个组织若想分享社区福利，就必须先尽义务，分担社区内政治、经济和文化的服务活动。例如，开展绿化社区环境的活动；赞助社区居住条件的改善；赞助养老院、残疾人基金会、希望工程等社会福利事业；赞助社区的体育运动和文化事业；关心和帮助社区某些贫困或危难的居民等。桂林高新珠宝公司支持本社区部队建设，从 1996 年至今，公司每年“八一”建军节都到部队去慰问子弟兵，为他们带去慰问物资；公司连续几年被评为桂林市双拥工作先进单位、军警民共建先进单位，公司董事长 2004 年被广州军区授予首届“爱国拥军民营企业家”荣誉称号，极大地融洽了社区军民关系。

（4）性格社区化

社区性格是社区文化的综合反映，是社区文化的缩影。社区性格包括社区意识、社区精神、社区生活方式和社区形象四个方面。社区意识体现为社区成员的社区认同感、社区归属感、社区满意感和社区参与感。这种社区意识可以凝聚和上升为社区精神，社区精神指导和制约着社区生活方式，在社区生活方式中逐步形成更具典型性的社区形象。社区形象是社区性格成熟的标志。社会组织在这四个方面与社区保持协调一致，实现了组织性格社区化。

组织性格与社区性格的相互融合，有一个从被动适应到主动影响的过程，公关人员应努力缩短这个过程，主动把社区性格纳入组织性格之中，使组织性格成为社区性格的典型代表和具体体现。

二、组织与新闻界关系

新闻界公众包括两部分：一是新闻机构，如广播电台、电视台、报社、杂志社等；二是指新闻从业人员，如编辑、记者、专栏作家、节目主持人等。新闻界公众是公关对象中最重要、最敏感的公众，搞好与新闻界公众的关系，是组织最主要的外部公关工作之一。

建立维护和新闻界良好的关系，不但有利于影响并引导社会舆论向有利于组织经营管理方向转变，为企业创造良好的舆论环境，而且，还有利于组织同消费者、社区、政府，以及其他社会公众建立良好的公共关系。欧美的新闻学者把新闻界说成是政府的“第四权力”。由此可见，任何组织要得到社会舆论的支持，要维持良好的社会声誉，都必须和新闻界搞好关系。

三、组织与政府关系

在公共关系学中，政府是作为社会组织必须面对的一类公众而存在的。政府公众指政府各行政机构及其官员和工作人员，具体可分为两大类：一是纵向政府公众，如上级主管部门；二是横向政府公众，它们是工商、人事、财政、税务、市政、治安、消防、法院、海关、卫检、环保等职能机构和管理部门。政府公众是所有公关对象中最具社会权威性的公众，处理好组织和政府的关系，是组织生存和发展的根本保障。

1. 政府公众的特殊重要性

政府作为公众，具有不同于其他一般公众的特殊性，被公关学者称为“背靠大树好乘凉”的支柱公关。其特殊性表现在：其他公众与组织之间是一种互不隶属的横向关系，而政府与组织的关系则是管理者与被管理者的纵向关系，任何一级社会组织都必须接受政府的管理与规范。一言以蔽之，政府公众是拥有权力的公众，这是它与其他公众的一个显著区别。具体地说，政府公众的特殊性表现在以下几方面。

(1)政府是一种强制性的权力机构

政府是国家权力的执行机构，它通过立法、行政、司法，运用各种政治、行政、法律手段，管理和制约各种社会组织，以确保其政策的执行。这种权力是其他任何公众所没有的。

(2)政府是最具社会影响力的社会组织

作为国家政权机构，政府对有关产业和区域的倾斜、财政货币政策、经济调控政策和福利政策等都能直接影响到整个经济的发展走向，从而间接影响组织的经营状况。这种社会影响力也是其他公众不可比拟的。

(3)政府是社会组织的统一管理者

政府具有行使组织、领导和管理等职能，对各种社会组织的管理是政府实行全社会统一管理的重要组成部分。政府通过制定政策法律和行政干预，对各种社会组织进行必要的管理、监督、指导和调节。

(4)政府是组织重要的外在信息源

中央和地方各级政府中，都设有专门负责收集社会各种政治、经济、文化等方面社会信息、统计数据的机构，如统计局。这些信息资料和政府机关的各类文件、简报等，都是对社会组织具有重要参考价值的信息资源。

(5)政府是组织重要的资金来源

政府与各组织存在财政税务关系。政府可以采取免税、减税、无偿财政拨款、优惠贷款等方式，支持和扶助各类组织的发展。如果组织能争取政府在资金和税收方面的支持，自然有利于自身的发展。

(6)政府是全体社会公共利益的代表

从利益角度来划分，全社会的利益可分为国家利益、集体利益和个人利益三种，三种利益存在着不可避免的矛盾和冲突。政府作为全民利益的代表，要同时维护三者的利益，在这种情况下，组织和政府公众之间又存在着如西方学者所说的“敌对关系”。社会组织对这种利益关系要有清醒的认识和明确的态度，协调好政府和组织的关系，是搞好政府关系的关键所在。

2. 处理政府关系的方法

(1)培养和提高政治素质。应及时、全面、准确地了解与组织有关的各项政府法令、法规与政策、措施，为组织的决策提供依据，以保证组织的活动在政府的许可范围内进行，服从政府的指导和管理，做政府的模范公民，以赢得政府的信赖和支持。

(2)加强与政府的双向沟通，比如呈送文件、向上级汇报，或者请上级领导来本组织检查和指导工作等，使政府能够了解组织的基本情况和发展动向。

(3)加强人际交往，建立与政府官员的私人感情。

(4)积极参加政府组织的各种公益活动。组织是社会的有机组成部分，必须为政府分担一定的社会责任，无偿地提供必要的社会公益服务。由政府组织的各种社会公益事业和活动，政府自然希望所属社会组织能够响应和参加，社会组织通过参加这种活动可获得政府的赞誉和信赖。

(5)利用国事活动，扩大宣传效应。

四、组织与顾客关系

顾客公众是指购买或可能购买本组织提供的产品或服务的个人、团体或组织。按顾客与组织的关系程度划分，顾客公众包括现实顾客和潜在顾客。按顾客与组织的消费性质划分，顾客公众包括个人消费者和团体用户，例如，商店的顾客、酒店的住客、电影院的观众、出版物的读者以及工业用品的用户等。按顾客与组织的交往方式划分，顾客公众可分为三种：一是内部顾客，即员工，企业界有一句口号"下一道工序就是上一道工序的用户"；二是中级顾客，即经销商或代理商；三是终端顾客即通常所说的消费者、用户。这里所谈的顾客公众是指第三种。顾客公众是与组织具有直接利益关系的外部公众，是公关工作的核心对象。

1. 顾客公众的重要性

(1)顾客公众是组织外部最大的公众群

现代社会高度社会化、专业化的生产和服务使"躬耕自食"褪色为一个古老的梦，整个社会已经成为一个相互依赖、相互作用、相互影响的有机整体，任何组织和个人都不是孤立于组织之外而获得所需的衣、食、住、行等生活条件的。这就是说，在现实生活中，任何一个组织和个人都可能是某一组织的顾客，从广义的角度讲，全社会每个成员都属于顾客之列。但是从组织角度来看，组织所面对的每一个人并不都是组织的顾客，例如，一个3岁的小女孩就不是某刮胡刀片厂家的顾客。尽管如此，与组织的其他外部公众相比，顾客公众毫无疑问是组织人数最多的外部公众，在现代社会中没有顾客就没有市场，也就没有企业和商品。

(2)顾客公众是组织的衣食父母

早在19世纪，马克思就提出"消费决定生产"，他认为，消费的能力决定着生产能力，消费的需求决定着生产的需求，无穷无尽的消费欲望是刺激市场生产力的直接动力源泉，也是推动人类经济发展的主要驱动力量。因此，马克思的结论是"没有消费，就没有生产"。由这一论断可以推出"没有消费者，就没有社会组织"。消费者决定着社会组织的生死存亡，消费者是社会组织的衣食父母，没有消费者的"养育"，就没有社会组织的成长。

2. 处理顾客关系的方法

要建立与顾客的良好关系，就要了解顾客的需求。一般来说，顾客希望有优质的产品和服务，希望有合理的价格，希望有情感的满足和荣誉的伴随。

建立良好的顾客关系，是公关人员的追求，也是千百年来被商家不断演绎的制胜法宝。

（1）树立正确的顾客观

没有正确的观念，就没有正确的行动，一切活动都是如此。处理顾客关系更不例外，“顾客第一，消费者就是上帝”是处理顾客关系的基本理念，“顾客满意”是评价顾客关系的基本指标。在处理顾客关系时，必须把这种顾客导向观念转化为具体可遵守的观点，体现在组织工作的方方面面，例如，顾客永远是对的，顾客的抱怨正是商机，顾客要什么就给什么，努力让顾客感动；每一次都能让每一个顾客感到满意等。这些顾客观念应内化于每个企业人员心中，成为处理顾客关系不可动摇的准则。“顾客满意”是“顾客至上”观念的衡量指标，是指顾客接受有形或无形产品感到需求满足的状态。顾客满意包括理念满意、行为满意、视听满意、产品满意和服务满意。在协调顾客关系时，只有全方位让顾客感到满意，才能有效地激发顾客对组织的忠诚和喜爱。

（2）增强服务意识，实行全过程星级服务

20 世纪 90 年代是服务制胜的年代，越来越多的组织意识到：提供恰当的服务品质可变成商战利器，为公司创造并保持可观的竞争优势。美国的专家在研究中发现一个惊人的事实：顾客会拒绝某公司的产品，其原因有七成与产品无关。唯有先进完美的服务体系和服务态度，才能让顾客感动，令顾客满意，导致其采取购买行为。由此可见，服务是不可战胜的赢家法则，服务就是商机，服务就是打开顾客心门的钥匙。尽管“痴心的脚步赶不上变心的翅膀”，但是只要付出持之以恒的热情，就一定能产生“皮格马利翁效应”，既赢得老顾客的忠诚，又赢得一连串的未来顾客。良好的服务意识主要体现在：要时刻为顾客着想，把为顾客着想作为企业的使命和责任；处处留心，发现为顾客服务的机会；根据顾客的要求及时提供优质服务；严格选用服务人员，加强对服务人员的培训。

良好的服务不应该仅仅停留在售后，而应该贯穿售前、售中和售后，实行全过程、全方位的星级服务。只有这样才能一步步加深与顾客的感情，博得顾客的好感和认同。海尔集团提出了“国际星级服务”的概念，对消费者实行全过程星级服务，内容如下。

售前服务：主要是解除用户购买时决策的烦恼，讲解演示，答疑解惑。

售中服务:对用户实行送货上门,安装到位,现场调试,示范指导。

售后服务:如海尔的售后服务概括为“一二三四法则”。“一个结果”即服务圆满;“二个理念”即带走用户的烦恼,留下海尔的真诚;“三个控制”即服务投诉率小于十万分之一,服务遗漏率小于十万分之一,服务不满意率小于十万分之一;“四个不漏”即一个不漏地记录用户的反映,一个不漏地处理用户的反映,一个不漏地复查用户结果,一个不漏地将处理结果反映到设计生产经营部门。

(3)建立顾客资料库,加强双向沟通

进入21世纪,传统的大众营销方式逐渐向一对一营销方式转换。传统的大众营销是把产品销售给尽可能多的顾客,其目标是提高市场占有率。而一对一营销则是销售尽可能多的产品给某一个顾客(在其整个一生中),再由这些核心顾客来带动其他的顾客,其目标是顾客占有率。具体做法是先选出一些核心顾客(最有价值、潜力最大),后派出职员作顾客经理进行单独一对一沟通,给最能赢利的顾客提供最大的消费价值,培养顾客的忠诚度。西方一项调查表明:一个企业总销售额的80%来自于占顾客总数20%的忠诚顾客。

一对一营销意味着要把时间和精力放在对顾客的管理上,意味着传统的“消费者请注意”的沟通方式必须转变为“请注意消费者”的沟通方式。因此,收集顾客信息,研究顾客心理,了解顾客需求就成为处理顾客关系的前提条件,而其中确保成功的关键则是如何建立顾客资料库,为进行双向沟通奠定基础。

所谓顾客资料库,是企业利用各种渠道传递信息给顾客,并且积极寻求顾客的回应,将这些回应汇集在资料库中,再依据这些回应资料来调整和修正自己的经营计划。顾客资料库应包括顾客情况资料和售后服务资料。顾客资料库建立起来后,可采取多种方法,通过多种渠道与顾客进行全方位沟通。具体方法有发放意见卡、客户访谈、信函调查、电话交谈、用户通信、视听沟通、组织参观、联谊活动等,通过与顾客持续不断的沟通,使之成为企业长期友好的合作伙伴。

(4)与顾客进行联谊活动

选择一定的时机(如节假日)与顾客进行联谊活动,在联谊活动中自然而然双方的情感得到交流与升华,彼此间能建立亲密而融洽的关系。例如,桂林市金刚房地产公司举办的与顾客(即业主)的“桂香迎中秋,金刚业主情”业主联谊活动,在联谊活动中既有供业主欣赏的歌舞娱乐节目,又有业主互动节目,还有“业主之最”评选活动,还给业主发放了香甜的月饼。该联谊活动在欢乐与笑声中结束，顾客带着满意与愉快的心情回到自己温馨的家。

【案例三】

中国大酒店内部公关案例

中国大酒店是广州市的涉外饭店，平时很注意培养职工的主人翁意识和集体意识。虽然是外资企业，中国大酒店却拥有在员工中很有威望的党支部，平时职工有什么困难都会得到党支部的全力帮助，而对于员工的疾病、家庭变故、生日等事项，酒店也尽力帮助他们。

中国大酒店内部公关工作中有一个奇妙的构思曾经得到多种公关报刊的报道。在酒店员工手中人人都拥有一张特殊的明信片，背面是一张全体员工的全家福。照片中由70名员工中头戴白帽、身穿白色工作制服构成一个醒目的“中”字，在这个“中”字周边，身着红、绿、青、褐制服的员工构成背景，依傍和衬托着“中”字。

这张由70名员工组成的全家福是中国大酒店开业庆典一周年时由公关部策的，其目的是激发员工的自豪感与集体感。同时广为散发的明信片也发布着这样的信息：中国大酒店是个团结的集体。

【思考与练习】

1. 组织如何处理与社区的关系？
2. 组织如何处理与政府的关系？
3. 组织的内部公众有何需求？

第四章　公共关系工作程序

为了使公共关系活动顺利地开展，必须对公共关系工作进行全面策划，制订一套完整的实施方案，保证公共关系工作遵循一定的程序有条不紊地进行，其基本程序可分为公共关系调查、公共关系策划、公共关系实施和公共关系评估四个步骤，我们通常称之为公共关系的"四步工作法"。在公关工作的四步循环程序中，公关调查是起点，是基础；公关策划是关键，是公关实施的指南和效果评估的标准，离开了公关策划，公关工作就会漫无目标，不得要领，难以协调统一，成效甚微；公关实施是核心，是执行公关策划，取得公关成效的具体行动，离开了公关实施，再好的策划也只是纸上谈兵；效果评估是重要的反馈环节，也是下一轮公关活动的起点。

第一节　公共关系调查

公共关系调查是运用科学的方法，有计划、有步骤地搜集相关信息，综合分析相关的因素及其相互关系，以考察组织的公共关系状态，了解组织面临的公共关系方面的实际问题，从而为组织的形象设计、公共关系活动的策划提供依据。

公共关系调查是公共关系工作的基础，它在整个公共关系活动中起到举足轻重的作用。通过公共关系调查，可以帮助组织了解其在公众心目中的形象和地位，开展公关工作的条件、困难及竞争对手的情况，实现目标的可能性等，为组织决策提供科学依据，从而增强公关活动的针对性，提高公关活动的成效。

一、公共关系调查的内容

公共关系调查的内容非常广泛，具体可分为以下两大方面。

1. 组织形象调查

组织形象是指社会公众心目中对一个组织机构的全部看法和总体评价，亦即一个组织的实际表现在公众中的投影。对于组织而言，良好的社会形象是最重要的无形资产。拥有它，就会得道多助，兴旺发达。

组织形象的衡量是以组织的知名度和美誉度两项指标为依据的。知名度表示一个组织被公众所了解的程度，社会影响的广度和深度，是评价名气大小的客观尺度。美誉度表示一个组织获得社会公众的好感和赞美的程度，社会影响的美、丑、好、坏，是评价好坏程度的指标。

(1)组织内部形象调查

组织内部形象调查主要是采集组织内部各层级员工对组织实际形象评价与期望形象要求的相关信息和数据。其调研对象主要分为组织领导层、中级干部层与操作员工层三级代表。其调研课题着重包括：经营方针、经营政策、决策能力、计划能力、预算能力、信息通畅度、办公环境、生活环境、生产状况、技术优势、协同能力、财务状况、薪资福利、服务质量、发展前景、员工关系等，并应认真听取、详细记录员工的意见和建议。

(2)组织外部形象调查

组织外部形象调查主要是采集组织外部各公众对组织实际形象评价与期望形象要求的相关信息数据。其调研对象主要来自各外部公众一定数量的设定代表。其调研课题着重包括：办公环境、生活环境、技术优势、品牌影响力、产品质量、包装形象、供货速度、服务态度、专业化水平、售后服务、信誉度、价格等，并应认真听取、详细记录外部公众的意见和建议。

组织实际形象的评价分析指标可以采用百分制，并通过计算平均值求得(表 4 - 1)；或在每一个分析指标的正反两极之间设立若干档次，如非常、相当、稍微等 5 ~ 7 个档次，用以表示程度的差别，然后将该表发给各界公众以及顾客填写，最后统计汇总(表 4 - 2)。

表 4 - 1　组织内部形象评价表

评价项											
	30	35	40	45	50	55	60	65	70	…	100
经营方针											
生活环境											
管理政策											
协同能力											
……											
合计											

说明：30 ~ 40 分表示极差，40 ~ 50 分表示较差，50 ~ 60 分表示一般，60 ~ 70 分表示良好，70 ~ 80 分表示优秀，80 分以上表示极优。

表 4－2　组织外部形象调查表

调查项目	正评价				负评价			调查项目
	非常	相当	稍微	中等	稍微	相当	非常	
经营方针正直								服务方针不正直
工作效率高								办事效率不高
服务态度诚恳								服务态度不诚恳
管理手段有创新								管理手段缺乏创新
管理水平高								管理水平低
经营规模大								公司规模小

对组织形象调查包括三个方面，即自我形象测定、实际形象调查和形象差距比较分析。

①自我形象测定

任何一个组织都有自我期望形象标准，自我期望形象越是完善，则标准越是严格，对组织自觉做出公共关系努力的可能性就越大。对组织的自我期望形象的设计，应通过对组织凝聚力、组织实际状态和基本条件以及组织的员工对组织形象的分析与评估这三个方面展开调查与分析，在组织自我期望与实际可能相结合的基础上，确定本组织的自我期望形象。

②实际形象调查

实际形象调查是通过了解公众对组织知名度、美誉度的评估和分析，从而了解组织的实际社会形象。由于组织自我期望形象只是反映了组织对树立自身形象的主观要求，带有较强的主观性，这种形象与组织在公众中的实际印象会有差距。要使公众对组织的实际印象与组织所期望的印象一致，就必须通过实际形象调查，从而找出差距，以便有的放矢地制定改善公共关系状况的具体措施。

某家管理顾问公司针对 100 人进行其公司的组织形象调查，调查之后将所收集的信息制成调查表。这份调查表所显示的公司总形象是低知名度和低美誉度，具体表现为公司服务方针正直，但办事效率一般，服务态度欠诚恳，业务缺乏创新精神，企业管理没有名气，公司规模过小等。通过这个调查结果可以进一步用来分析组织形象差距及其原因，并且有必要针对这些原因去制订公共关系的计划和措施。

③形象差距比较分析

由于组织自我期望形象只是反映了组织对树立自身形象的主观要求，带有较强的主观性，这种形象与组织在公众中的实际印象会有差距。要使公众对组织的实际印象与组织所期望的印象一致，就必须通过比较组织的实际形象与组织的自我期望形象，找出两者差距，以此作为组织公共关系应该努力的方向，从而帮助组织制订切实可行的工作计划。

2. 组织所处的社会环境调查

社会环境是指与组织有关的各类公众和各种社会条件的总和，它影响着组织的生存和发展。社会环境主要包括组织的政治环境、经济环境、法律环境、人文环境、技术环境、公众环境，等等。进行社会环境调查的目的是找出影响组织发展的主要因素，预测其变化规律，为组织的发展决策提供依据。

（1）政治环境调查

政治环境调查是指对现在和未来一定时期国内外的政治形势、政治制度及方针政策、法规、案例、规章制度等的调查，凡是同组织活动特别是同公共关系有关的政策法规都应纳入调研的内容。例如，经济合同法、环境保护法、劳动法、商标法等。

（2）经济环境调查

经济环境调查是指一个国家或地区的经济制度、经济结构、物质资源、经济发展水平、消费结构和消费水平以及未来的发展趋势等状况。经济环境的变化，影响和制约着组织公共关系的开展，只有把握国际国内经济形势，才能做出正确的经营决策，保证组织在错综复杂的经济环境中求得生存和发展。

（3）人文环境调查

人文环境调查是指对一个国家和地区的人口结构、家庭状况、文化教育水平、生活习俗、社会规范和文化观念等因素的调研。其中最主要的是文化习俗方面，如民族的特点、区域文化的基本特征、目标消费者的宗教信仰及禁忌，等等。

（4）技术环境调查

技术环境调查主要是调查目标市场的技术水平、技术特征、技术要求、技术标准、技术类型等，这种调查对于企业成功占领目标市场，迅速打开销路是十分有效的。

（5）公众环境调查

公众环境调查主要指组织内部公众调查和组织外部公众调查两部分。组织内部公众调查已在组织基本情况中说明。下面仅介绍组织外部公众调查。外部公众包括消费者公众、媒介公众、社区公众、政府公众等，主要是了解各类公众的特征、覆盖面、需求、对组织的评价等，以便针对不同公众开展有效的公关活动，协调组织与公众的关系，促进组织发展。

二、公共关系调查的程序

为了使整个调查工作有计划、有步骤地进行，保证整个活动的科学性，公共关系调查应包括制订调查方案、搜集调查资料、整理分析资料、撰写调查报告四个步骤。

1. 制订调查方案

在确定了调查课题以后，调查者必须根据调查的课题制订调查计划。一个完整的调查方案主要包括以下几方面。

(1)确定调查目的

调查目的是指调查所要解决的问题。明确调查目的是制订调查方案的关键所在。只有确定了调查目的，才能确定调查的范围、内容和方法，才能有针对性、有目的地进行公关调查，避免盲目行动导致的工作失误。

(2)确定调查对象

调查对象是根据调查目的、任务，来确定调查范围与调查单位。调查单位是构成调查对象中的一个个具体单位，是搜集信息、分析信息的基本单位。在实际调查中，注意选择调查对象的科学性，保证公众的代表性。社会组织的公众范围十分广泛。开展公共关系状态调查时，不可能也没有必要对所有的公众进行调查，只要注意选择公众工作的科学性，按照随机原则，通过抽样技术，就可以取得接近公众总体的资料。

(3)确定调查项目和调查表

调查项目是调查的具体内容，确定调查项目就是要明确向被调查者了解些什么问题，如消费调查中消费者的性别、民族、文化程度、年龄、收入、动机和态度等。对项目进行科学的分类、排列，构成调查提纲和调查表。

(4)确定调查时间和地点

调查时间的确定应包括两个方面：一是要明确规定调查资料所反映的是调查对象从何时起到何时止的资料；二是规定调查工作的开始和结束时间。调查地点应与调查单位相统一。

(5)确定调查方式和方法

在调查方案中,应明确采用什么组织方式和方法取得调查资料。搜集资料的方式有普查、重点调查、典型调查、抽样调查等多种方式。具体调查方法有访谈法、观察法、问卷法和实验法等。调查采取的方式、方法不是固定和统一的,往往取决于调查对象和调研任务。大中型调研要注意多种方式和方法的结合运用。

(6)确定调查工作的组织实施

调查组织计划是指实施整个调查活动过程的具体工作计划,主要是指调查的组织领导、调查机构设置、人员的选拔和培训、调查工作步骤及其善后处理等。

(7)制定调查预算

在进行调查预算安排时,要将可能需要的费用尽可能全面考虑。一般来讲,调查经费预算应包括四个方面,即调查方案设计及实施费用、调查资料整理分析费用、调查报告撰写费用以及相关办公费用等。

2. 搜集调查资料

搜集资料的主要任务是按调查计划的要求与安排,系统地搜集各种资料。

调查资料的搜集可以从两方面进行:一方面是搜集未做任何加工整理的原始资料,也称第一手资料或初级资料;另一方面是搜集他人已调查整理过的资料,也称第二手资料或次级资料。

初级资料搜集的方法包括访问法、观察法、实验法等。次级资料往往是已经公开出版或发表的资料,对这类资料的搜集采取文案调查法。

3. 整理分析资料

整理分析资料是指运用科学的方法,对调查所得的各种零散的资料进行审查、检验和综合加工,使之系统化和条理化,从而以集中、简明的方式反映调查对象总体情况的工作过程。资料的整理分析,通常包括下列工作。

(1)审查核实

在进行资料汇总前,首先对调查得到的资料进行审核,这是保证调查工作质量的关键。审核的内容主要是对其及时性、完整性和正确性的审核。

(2)分类汇编

资料经过检查核实后,为了便于归档查找和统计方便,还应按照调查的要求进行分类汇编。资料的分类是根据事物内在的特点和调查研究的要求，按某种标志将所研究现象的总体划分为若干组成部分，然后进行分类登录及归档，以备查阅。汇编是按照调查的目的和要求对分类后的数据和资料进行计算编辑和汇总，使之成为能反映调查对象客观情况的系统、完整、集中、简明的材料，为分析工作打下良好的基础。

（3）分析处理

资料的分析包括定性分析和定量分析。前者是以资料或经验为依据，主要运用演绎、归纳、比较、分类和矛盾分析的方法找出事物本质特征或属性的过程；后者是运用概率论和数理统计的测量、计算及分析技术，对社会现象的数量、特征、数学关系和事物发展过程中的数量变化等方面进行的描述。为了取得比较符合实际的结论，不仅要进行定性分析，而且要进行定量分析，要在定性的基础上尽量根据不同要求把资料量化，在此基础上编制成统计表或统计图，或计算百分比、平均值等，然后运用这些量化资料进行分析，并将分析所得的结论提供给相关的决策部门，作为策划的依据。

4. 撰写调查报告

撰写调查报告是公关调查的最后程序。作为调查工作的结束，最终要形成一个调查报告。撰写调查报告的目的是对调查活动过程以及对调查数据分析整理的过程及其工作成果进行总结汇报，为制订科学的公共关系计划方案提供依据，为领导者决策提供参考，寻求领导的支持和帮助。

三、公共关系调查的方法

公共关系调查的方法很多，根据不同的分类方法可以把它们分成不同的类别。在进行公关调查时，应根据调查研究的目的、意义、规模、对象及范围的不同，选择适当的方法来进行。

1. 按获取调查资料的方法分类

根据所要获取调查资料的方法不同，公关调查可以分为第一手资料的调查和第二手资料的调查。前者包括观察法、询问法和实验法；后者包括文案调查法。

（1）观察法

观察法是指调查者深入现场，通过直接观察、跟踪和记录被调查者的情况来搜集第一手资料的一种调查方法。这种方法具有目的性、计划性和系统性，要求调查者事先做出观察的计划，事后要对所观察到的事实做出实质性的结论。采用这种方法时，调查者既可以直接参加他所观察的活动，以一个参与者的身份来观察，也可以作为一个旁观者置身于他所观察的情景之外进行观察。

(2)询问法

询问法亦称访问法，是调查者通过面谈、电话或邮寄等方式向被调查者进行调查的一种调查方法。面谈又可分为个别面谈和集体面谈，个别面谈灵活方便，彼此容易沟通，情况了解深入，可多方面搜集资料；集体面谈（即座谈会）能集思广益。电话访问可跨越空间距离障碍，但只适用于有电话的场合。信函调查是将设计好的调查表邮寄给被调查者，由被调查者根据要求填好后寄还的一种调查方法，这种方法对于居住分散的调查对象最为适用，不仅成本较低，而且可使被调查者有充分时间考虑作答。

(3)实验法

实验法是在人为控制某种因素的前提下，通过做各种对比实验从而取得资料的方法，其结果较客观、准确、可靠，但往往费时、成本高，而且存在许多实际因素无法人为控制，从而导致实验结果可能出现误差。

(4)文案调查

文案调查也叫历史法、文件法、文献调查法，是一种搜集、分析、整理现成文献资料的调查研究方法。这是第一手资料不够用或不可能取得第一手资料时，利用第二手资料的方法。运用这种方法对于获取资料较为方便、容易，调查成本低，但所取得的资料可能在时间上、资料的完整性上具有一定的局限性。

2. 按调查对象的选择方法分类

根据调查对象的选择方法不同，公关调查可分为普查、重点调查、典型调查和抽样调查。

(1)普查

普查是将调查区域中的每个对象都列为调查对象，无一遗漏地逐个进行调查。这样的调查比较全面，但是工作量大、成本高。普查的特点决定它一般在较小规模的公关调查中运用，较大规模的公关调查一般不采用普查方法。

(2)重点调查

重点调查是从调查总体中选出少数重点单位进行的调查。所谓重点单位，是指在总体中处于十分重要地位的单位，或者在总体某项标志总量中占较大比重的那些单位。重点调查的调查单位少，能够用较少的人力、物力、财力进行深入调查，从而能够较快地掌握调查对象的基本情况。

(3)典型调查

典型调查是指在调查总体中有意识地选择若干具有代表性的对象进行调查，达到推算一般的调查方法。典型调查由典型单位的情况可推断调查总体的情况，一般都比较接近实际。因此，典型调查适用于调查总体庞大，调查者对总体情况比较了解，能准确地选择有代表性的公众作为调查对象的情况。

(4)抽样调查

抽样调查是遵循一定的原则从调查区域中的所有调查对象中抽取一部分样本进行调查，以此推断总体特征的一种调查方法。这种调查方法由于针对性强、调查次数少，因此可以降低调查成本、提高调查效率，是公关调查经常采用的一种方法。抽样调查可分为随机抽样和非随机抽样两种。随机抽样是在若干个平等的调查对象中随机地选择几个作为调查对象，具体抽样方法包括单纯随机抽样、分层随机抽样和分群随机抽样。非随机抽样是在若干个调查对象中主观地选择几个作为调查对象，具体抽样方式可分为便利抽样、判断抽样和配额抽样三种。

就各种调查方式与调查形式来看，各自都有自己的特点，也有自己的长处和不足。因此，为保证公关调查所搜集的资料的可靠性、准确性和科学性，在选择调查方法时，应注意多种调查方法、技术的综合使用，集中各种调查方法的优势，充分而准确地搜集信息资料。

四、公共关系调查问卷和调查报告

1. 公共关系调查问卷

调查问卷是进行直接调查的重要工具，在采用访问法进行公关调查时，往往需要使用一定的调查表或问卷来搜集资料。调查问卷一般分为自填问卷和访问问卷。自填问卷即由被调查者自己填答的问卷，而访问问卷则是由访问员根据被调查者的口头回答来填写的问卷。而自填问卷依据发送的方式又可分为邮寄问卷和发送问卷两种。邮寄问卷通过邮局把问卷表寄到被调查者手中，被调查者填完后，仍通过邮局寄回；发送问卷则由调查员或其他人将问卷送到被调查者手中，回答者填完后，由调查员逐一收回。也有采用二者相结合方式发送的。

（1）调查问卷的结构

调查问卷的结构通常包括三部分，即前言、主体和结束语。

①前言是对调查目的、意义及有关事项的说明。

②问卷的主体包括调查问题的内容和问题形式。

③结束语主要是用简短的语言对被调查者的合作表示感谢。

（2）调查问题的形式

调查问题的提出一般有两种形式。

① 封闭式问题

这种提出方式往往限制被调查者的回答，即限于已拟定的备选答案。此方法设计较难而回答容易，便于统计分析，且资料较准确；但答案范围狭窄，往往不全面（不能穷尽各种情况）、不具体（如归入“其他”一项的）。封闭式问题的提出有多种形式，其中包括：

选择题——要求做是非选择，或列出多项答案，只选一个或选择多个；

比较题——要求进行一对一对比；

顺位题——要求排出先后顺序；

评判题——要求表示对某个问题的态度或认识程度。

② 开放式问题

这种提出方式能使被调查者自由回答，不受任何限制。此方法设计容易回答难，答案过于分散，不易归纳，不利于统计分析，且资料不准确，易产生偏差；但可以让被调查者充分发表意见，从而得到足够全面、具体的答案。

开放性问题一般用于探索性的问题上，调查者对此问题不了解，需要搜集原始资料时较多采用，它还常用于正式调查前的小规模调查，这样便于了解情况。

由于开放性问题和封闭性问题都有一些不足之处，因此，在一份问卷中，应该既有开放性问题，又有封闭性问题。

（3）调查问卷设计原则

调查问卷的设计质量会直接影响到调查内容，关系到能否得到正确的答案。在设计问卷时，应遵循以下设计原则。

① 针对性和必要性

调查问卷的拟订与设计是为了取得满意的调查成果。因此，应严格按照调查目的设计提问,所有项目都是必需的,无关紧要的问题不应列入。

② 简明性和准确性

问题不应过多、过长、过散,以减轻被调查者负担和调查统计的工作量;所提问题力求明确,用词准确简洁,清楚具体,含义明晰单一,应避免词意含混、模棱两可的问题。

③ 客观性和可行性

提问避免带有倾向性、暗示性、引导性,保持中立态度,以求真实,以免造成调查的偏差;调查问卷的设计应注意适合被调查者的身份和水平,尽量避免提出一些被调查者难以回答的问题。

④ 系统性和艺术性

问卷设计应讲究艺术,问题排列有逻辑性和顺序性,思路清晰连贯,层次分明,由易到难,由简单到复杂,由浅入深,由近及远;提问亲切自然、有礼貌、有趣味,注意回答的心理或社会影响。

【案例四】

××市商场服务质量及公共关系形象调查问卷

亲爱的顾客:

您好!

为了促使本市商业系统服务质量的提高,为了您能享受到更好的服务,请您回答下列问题。答题时在您所选定的序号前画"√"。第 20 题则烦您简洁地写上几句。谢谢合作!

××公关研究中心

××年××月××日

您的基本情况:

1. 您是:A. 本地人　　B. 外地人

2. 性别:A. 男　　B. 女

3. 年龄:A. 22 岁以下　　B. 23 ~ 35 岁　　C. 36 ~ 49 岁　　D. 50 岁以上

4. 文化程度:A. 小学　　B. 初中　　C. 高中　　D. 大专以上

5. 家庭月人均收入：A. 200 元以下　B. 200～300 元　C. 300～500 元

D. 500～800 元　E. 800 元以上

商场基本情况：

6. 您认为该商场外观设计及商品橱窗的装饰：

A. 很好　B. 较好　C. 一般　D. 不好　E. 很差

7. 您认为该商场的内部布局：

A. 巧妙美观，井井有条　B. 没有特色，很一般　C. 乱七八糟

8. 您认为该商场的服务质量：

A. 很好　B. 较好　C. 一般　D. 不好　E. 很不好

9. 您认为该商场售货员的业务水平：

A. 很好　B. 较好　C. 一般　D. 较差　E. 很不好

10. 在大多数情况下，您在该商场曾经受到售货员的接待情况为：

A. 热情　B. 较好　C. 一般　D. 不好　E. 很不好

11. 您认为该商场的售后服务：

A. 很好　B. 较好　C. 一般　D. 不好　E. 很不好

12. 您认为该商场的设备：

A. 很齐全　B. 比较齐全　C. 一般　D. 不齐全　E. 很不齐全

13. 您每年光顾该商场的次数为：

A. 10 次以下　B. 10～20 次　C. 20～30 次　D. 30～40 次　E. 40 次以上

14. 您每年在该商场购物的总金额大约在：

A. 500 元以内　B. 500～1 000 元

C. 1 000～2 000 元　D. 2 000 元以上

15. 您认为该商场的商品质量：

A. 很好　B. 较好　C. 一般　D. 不好　E. 很不好

16. 您在该商场购得的商品不能令您满意时，一般来说：

A. 都能得到退换　B. 只有个别的能得到退换

C. 一个都不能退换

17. 在该商场买东西时，如果您的利益受到侵害，您是否想到去找消费者

协会?

A. 想到过　　B. 没有想到

C. 认为没有必要　　D. 想找,但不知到哪儿去找

18. 您认为该商场哪一类活动搞得最好?

A. 优质服务竞赛活动　　B. 优惠展销　　C. 有奖销售

19. 您认为该商场急需解决的问题是:

A. 提高服务质量　　B. 提高业务水平　　C. 改变内部布局

20. 您认为应怎样解决这一(些)急需解决的问题?

2. 公共关系调查报告

调查报告是对调查过程的回顾和调查成果的总结,调查报告撰写的好坏影响着调查结果在有关决策中的作用。撰写出一份具有说服力的好调查报告,这是卓有成效地进行公关调查的一个不可忽视的方面。

(1)调查报告的内容

一般来说,调查报告主要包括以下内容。

① 序言:主要介绍研究课题的基本情况。

② 摘要:概括地说明调研活动所获得的主要成果。

③ 引言:介绍研究进行的背景和目的。

④ 正文:对调研方法、调研过程、调研结果以及所得结论和建议作详细阐述。

⑤ 附录:呈现与正文相关的资料,以备读者参考。

(2)撰写调查报告的注意事项

调查报告是调查活动的成果的体现,调查的成败以及调查结果的实际意义都表现在调查报告上。因此,撰写调查报告时,要特别认真细致,尤其应注意以下几个问题。

① 要考虑读者的观点、阅历,尽量使报告适合于读者阅读。

② 尽可能使报告简明扼要,不要拖泥带水。

③ 使用普通词汇,尽量避免行话、专用术语。

④ 务必使报告所包括的全部项目都与报告的宗旨有关,删除一切无关资料。

⑤ 务必使资料准确无误。

⑥ 充分利用统计图、统计表来说明和显示资料。

⑦ 务必使报告打印工整匀称，易于阅读。

第二节　公共关系策划

公共关系调查使组织获得了客观的社会形象地位，但从组织的发展来讲，组织应在社会公众中不断完善自身的形象和进一步提高自己的形象地位。这就需要根据公共关系存在的主要问题确定公共关系活动目标，制订公共关系活动方案，寻求解决问题的方法和途径，也就是需要开展公共关系策划工作。

策划一般可以理解为"出谋划策"。而公共关系策划就是指公关人员根据组织形象的现状和目标要求，分析现有条件，设计最佳活动方案的过程。公关策划的目的在于：通过科学的策划思想和方法，设计和选择出有效的公关活动方案，从而增强组织公关活动的目的性、计划性、有效性，提高组织开展公关活动的成功率，最终在社会公众中不断提高和完善组织的形象地位。

一、公共关系策划的程序

在进行公共关系策划的过程中，公共关系人员首先要依据公关调查中所确定的组织形象的现状，提出新的形象、目标和要求，并据此设计公共关系活动的主题，然后，通过分析组织内外的人、财、物等具体条件，提出若干活动可行方案，并对这些活动方案进行比较、择优确定出能够达到公关目标要求的最适当、最有效的活动方案。因此，公共关系策划应包括六个工作步骤，即确定公关目标、确定公众、设计主题、选择媒介、编制预算和审定方案。

1. 确定公关目标

公共关系目标是公共关系行为期望达到的成果。它是公共关系活动的方向，也是公共关系活动成功与否的衡量标准。

(1)公共关系目标的类型

根据公共关系沟通内容，组织的公共关系目标一般有以下四种类型。

① 传播信息：向公众传播有关本组织的信息，让公众了解、信任、支持本组织。

② 联络感情：通过感情投资获得公众对组织的信任与爱戴。

③ 改变态度：为了让公众接受组织及其所提供的产品、服务、文化等。

④ 引起行为：为了诱导公众产生组织所希望的行为方式。

(2)确定公关目标的要求

确定一个公共关系目标，必须能够起到指导整体工作的作用。因此，要使目标能发挥作用，在确定目标时应遵循以下四个原则。

① 一致性原则：目标应与组织的整体目标相一致，为组织整体目标服务。

② 具体性原则：目标应具体明确，含义单一，避免使人产生多种理解。

③ 可行性原则：目标应符合当时的内外部条件，通过努力可实现。

④ 可控性原则：目标必须具有一定的弹性，以备条件变化时仍能灵活应变。

2. 确定公众

公共关系是以不同的方式针对不同的公众展开的，而不是像广告那样主要通过大众传媒把各种信息传播给大众。要使活动能有效实施，需要确定组织决定作为自己公关活动主要对象的那一部分公众，即目标公众。

目标公众的确定，有利于选定具体公关方案的实施；有利于确定工作的重点、科学地分配力量；有利于更好地选择传播媒介和传播技巧等。

目标公众确定之后，公关人员还应对目标公众进行详细的了解和深入的研究，主要是分析目标公众的权利和要求。一般说来，不同的公众有不同的权利要求，了解目标的权利和要求，并将其与本组织的目标和利益加以权衡、比较，以便确定公关计划的基本要求。

3. 设计主题

公共关系活动主题是对公共关系活动内容的高度概括，提纲挈领，对整个公共关系活动起着指导作用。

任何一个成功的公共关系活动都是由一系列活动项目组成的系统工程。为避免活动项目过多给人杂乱无章的印象，需要设计出一个统一、鲜明的主题，以统领整个活动，连接各活动项目。

主题的表现方式多种多样，它可以是一个口号，也可以是一句陈述或一个表白。主题设计得是否精彩恰当，对公关活动的成效影响很大。要设计出一个好的主题，必须满足四个要求：

(1)公关主题必须与公关目标相一致，并能充分表现目标；

(2)公关主题要适应公众心理的需要,既要富有激情,又要使人感到亲切;

(3)公关主题应独特新颖,富有个性,突出活动的特色,使人留下深刻的长久印象;

(4)公关主题的表述应做到简短凝练,易于记忆和传播。

4. 选择媒介

不同的传播媒介都有自身的特性,既各有所长,又各有所短,只有选择合适的媒介,才能取得良好的传播效果。在选择传播媒介时,应注意以下几个方面。

(1)与公关目标相结合

各种传播媒介都有其特定的功能及优势,适合为公共关系的各种类型目标服务。选择传播媒介时应首先考虑组织的公关目标和要求。

(2)与传播内容相结合

不同的传播信息内容有着不同的特点,而不同传播形式也有着各自特点和适用范围,在选择时应将所传播的信息内容的特点和传播媒介的优缺点结合起来综合考虑。

(3)与传播对象相结合

不同的公众对不同的传播方式和传播媒介的接受机会和感受是不同的,组织应根据目标公众的年龄结构、职业性质、生活方式、教育程度、接受信息的习惯等选择合适的传播方式来传播信息。

(4)与经费预算相结合

由于公共关系活动的经费是有限的,组织应根据自己的具体经济条件选择传播沟通媒介,尽可能用有限的经费和资源创造最大的效益。

5. 编制预算

任何一项公关活动都需要花费一定的人力、物力和财力。通过编制预算,公关人员预先了解活动的投入成本,做到心中有数并能在事前进行统筹兼顾的全面安排,保证公关工作正常开展,便于监督管理,堵塞漏洞。公关预算主要包括三个方面。

(1)经费预算

公共关系预算的经费大致可分为基本费用和活动费用。基本费用是指相对稳定的费用,包括人工报酬、办公费用、房租费和固定资产折旧费等。活动费用是指随某项公共关系活动的开展而形成的费用,包括专项设施材料费、调查研究费、专家咨询费、活动招待费、广告宣传费和赞助费等开支。

(2)人力预算

人力预算是指对实现既定公关目标所需的人才进行初步的估算,应落实公关计划的实施需要组织投入多少人力,什么样的人才结构,是否需要外借人员等。

(3)时间预算

时间预算是指为公关具体目标的实现制订一个时间进程表,规定出各阶段的具体工作内容以及所持续的时间,以便公关人员按部就班地进行工作。

6. 审定方案

审定方案是公共关系策划的最后一项工作。公关人员根据组织的现状,提出各种不同的活动方案,每一个方案都是策划者智慧的结晶,但这些方案未必都适宜,也未必能同时采用。因此对这些方案进行优化和论证才能选定最终方案。审定方案工作可分为两个步骤。

第一步,优化方案。就是尽可能地将公关方案完善化、合理化,提高方案合理值,强化方案的可行性,降低活动耗费。通常可采用重点法、转变法、反向增益法、优点综合法等方法进行方案优化。

第二步,方案论证。一般由有关高层领导、专家和实际工作者对方案提出问题,由策划人员进行答辩论证。论证方案应满足系统性、权变性、效益性和可操作性要求。

二、公共关系策划的方法

公共关系是一门创造性的学问,这种创造性充分体现在公共关系策划中。公共关系策划的灵魂在于创新,所策划的公共关系活动越是新颖独特、出神入化,就越能吸引公众。但强调策划的创造性、新奇性,并不意味着策划得越离奇越好,策划尽管可以千变万化、扑朔迷离,但它仍然有一定的规律。有效的公共关系策划离不开科学的策划思想和巧妙的策划艺术。离开了创造性思维,公关策划就会变得平淡乏味、苍白无力。公关策划的方法,其实就是创造性思维的方法。

1. 常用的创造性思维

公共关系策划所依仗的完全是策划者的创造性素质,而这种创造性素质的核心无疑是创造性思维能力。

因此,我们要探索策划的奥秘,进行成功的策划,就必须探究创造性思维。

所谓创造性思维，即思维主体借助逻辑推理与丰富的想象，对概念、表象等思维元素进行组合加工，从而产生创造性思维成果的过程。其一般具有积极的求异性、敏锐的洞察力、创造性的想象、独特的知识结构、活跃的灵感等特性。

成功的公共关系策划，离不开创造性思维。策划者有意无意地总在运用着各种各样的创造性思维方法。

一般来说，常见的创造性思维方法有以下四种。

(1)头脑风暴法

公关策划中最常用的产生创意的方法就是“头脑风暴法”，又称思维碰撞法、自由思考法。头脑风暴法是利用群体共同探讨和研究，通过相互间的某些激励形式，以提供能够相互启发、引起联想的机会和条件，使大脑处于高度兴奋状态，不断地提出新颖、新奇的创意的思维方法。

(2)发散思维法

发散思维是从给定的信息中产生出新的信息，其侧重点是从同一来源中产生各种各样的为数众多的信息输出，并可能会发生转换作用。通俗地说，发散思维是针对一个问题，沿着各种不同的方向思考，从多方面提出解决问题的方案，寻求各种各样的解决办法，以求得最佳解决问题的答案的思维方法。

(3)逆向思维法

公关策划中的逆向思维，就是要突破常规，突破习惯，达到惊人之效果。即人们应从与习惯思路相反的角度，突破常规定势，作反向思维，以找到出奇制胜之道。在公共关系策划中，策划者就常常用到这种创造性思维方法。人们都熟悉的司马光砸缸的故事就是一个典型的逆向思维实例。一般儿童的思路是“人离开水”，而司马光的思路是“水离开人”，一反常规思维，达到了出人意料的效果。我们说，逆向思维即突破常规、习惯的约束，从反面“倒着想问题”。

(4)联想思维法

联想思维是在原先并不相关的事物之间，搭起一座由此及彼的桥梁，将表面看来互不相关的事物联系起来，从而达到创造性思维的界域。这种联想思维，可以使自己以往的经验为新的创造性思维服务。在公关策划中，当我们为某个问题所困扰的时候，也可以受某一事物的启发而想到另一事物。

这种联想的形式,或由于事物在时间上和空间上接近而形成,或由于事物具有相似的特点而形成,或由于对比关系、因果关系而形成。我们通常说的由此及彼、举一反三就是指的这种情形。

2. 公共关系策划的原则

在进行公共关系策划时,应遵循以下原则。

(1)创新性原则

创新性原则指公共关系策划活动应该力求新奇、独特、精致,不落俗套。

(2)时效性原则

时效性原则指公共关系策划活动应该随着形势的变化,积极、主动、及时进行,方案的实施能够取得良好的效果。

(3)可行性原则

可行性原则指公共关系策划方案应该切实可行,没有可行性的方案,即使是再漂亮的创意和文字,也不会有丝毫的意义。

【案例五】

丰田汽车的"霸道"广告

2003 年 12 月《汽车之友》杂志刊登出丰田汽车在中国推出的三款新车广告,即"陆地巡洋舰""霸道""特锐"平面广告,意在中国传统节日——春节期间取得销售佳绩。未曾想到,雄心勃勃的广告推广活动最后演变成四处灭火救急的危机公关事件,让《汽车之友》、盛世长城广告公司、一汽丰田颜面无存。

在"霸道"的广告中,一辆"霸道"汽车从城市中驶过,其右上方正好设置了两尊石狮,一只呈俯首侧目状,而另一只夸张地举起右爪向"霸道"越野车敬礼,整幅广告的背景采用了没有明显建筑特征的城市建筑,根据外观大概可以猜出是上海、广州或香港之一,其相应的广告语为"霸道,你不得不尊敬"。

在"陆地巡洋舰"的广告中,一辆丰田"陆地巡洋舰"越野车拉着一辆绿色的大卡车,而广告左侧的图案告诉我们那是一辆军用卡车,而广告诉求中透露出来的地点是可可西里,根据广告的综合信息分析,那辆军用卡车无疑是国产的"东风"汽车。

此两则广告一出，引起了轩然大波，读者的民族情结高涨，甚至提升到政治的高度。网友开始全面反击，制作丰田负面广告，最有代表性的有二则：两尊威风凛凛的石狮把夹在中间的“霸道车”翻了个面；一辆“东风”汽车装载着一辆丰田“陆地巡洋舰”，广告语为“东风汽车为丰田陆地巡洋舰指定施救车”。

一汽丰田汽车广告问题出在哪里？

这无疑是广告创意简单“直译”惹的祸。汽车品牌的推广包括四个层面的内容，即产品品质、产品风格、人文背景以及独特的精神主张。一汽丰田的广告无疑想从这四方面对产品以及品牌作一个强势推广，“霸道”“陆地巡洋舰”仅从产品副品牌来理解与美国的“悍马”、英国的“陆虎”一样，极具杀伤力，而丰田的副品牌还要更加强悍，通过何种方式把这种产品风格恰如其分地表现出来，成为创意的核心思考内容。

盛世长城广告公司无疑采用了“直译”的办法，以强映强，找最有说服力的东西去表达一汽丰田的产品风格，石狮、“东风”汽车则成为理想的参照物。石狮在中国作为权力、地位、财富的象征，也是极具民族特征的产物，石狮的屈服正体现了“霸道”的风格；“东风”汽车笨重，小个头“陆地巡洋舰”在斜坡上拉大块的“东风”汽车是最好的强悍佐证。同时，石狮、“东风”汽车在消费者中认可度较高，它们出现在广告中，一方面很“中国”，另一方面形成了良好的视觉冲击力。

然而广告商与广告主忽略了汽车品牌构成中的重要组成部分——人文背景。丰田作为日本的品牌与中国应该融入而不是征服。诚如众多网友评论：“‘霸道’广告中的石狮，让我想起卢沟桥的枪声。”中日关系因为历史的原因，造成了巨大的民族伤害，日本的汽车业在中国的发展还得认真研究中国的人文背景，一汽丰田在广告产品风格诉求以及人文背景的表达上无疑犯了一个最大的错误。

3. 公共关系策划的技巧

公共关系策划是公共关系原则与创造性思维的碰撞结合，这种碰撞结合形成了一些相对稳定的思路和轨迹。公共关系策划的技巧很多，这里简要介绍几种方法，以给公共关系策划者们若干启发。

(1)制造新闻

所谓“制造新闻”,也称“策划新闻”,是指社会组织或个人在尊重事实、不损害公众利益的前提下,有目的地策划、组织、举办具有新闻价值的事件,制造新闻热点,争取报道机会,通过新闻媒介向社会传播,以达到吸引公众注意,扩大组织知名度和影响力的目的。它具有新、奇、特的特点,并必须符合新闻规律,要真实可靠,不允许编造事实、欺骗舆论。这是公共关系利用舆论的主要手段,也是与广告在传播上最大的不同。

(2)借冕增誉

借冕增誉指社会组织在策划公共关系活动时,将组织及其产品与声望高、权威性强的名人、知名组织、有影响的事物事件联系起来,借助他们的名望、声望及权威来扩大组织的影响及知名度,从而达到事半功倍的效果。

(3)小题大做

小题大做指在与公众交往中,社会组织要注重小节,在小事上发掘大道理,在小事上展示自己的大观念,从而有效地强化自己的形象。

(4)以攻为守

以攻为守指当组织与社会环境发生矛盾,环境对组织的生存发展构成严重威胁时,社会组织不应消极观望等待,而应主动出击,对环境积极施加影响,从而变被动为主动,化不利为有利。

(5)以诚换诚

以诚换诚是指当公众对社会或个人产生不满、误解、抱怨时,社会组织或个人要首先摸清情况,对社会、公众做出善意的解释,提出相应措施,以实际行动换取公众的谅解。

(6)宁为鸡头

宁为鸡头是社会组织在进行形象定位和产品定位时所运用的一种策略,即在实施名牌战略时,企业要想方设法使自己的产品成为世界一流的产品。

三、公共关系策划方案的写作

关于策划方案的写作内容,将在第五章中详细介绍,本章不再赘述。

第三节　公共关系实施

正确地制订具有创意的公共关系计划方案固然重要,但更重要的是将公共关系计划付诸实施,才可能真正产生效用。公共关系实施是在公共关系计划方案确定后,将方案所确定的内容变为现实的过程,它是整个公共关系工作的中心环节。

一、公共关系实施的原则

公共关系实施是一个复杂而科学的过程,客观上需要一整套科学的实施原则做指导。

1. 准备充分原则

实施准备是公共关系实施成功的基础和前提。准备越充分,公共关系实施就越顺利,失误就越小。在正式实施策划方案之前,要用足够的时间做好各种实施准备工作。

2. 目标导向原则

目标导向原则要求公共关系人员在公共关系方案实施过程中,不断利用目标对整个实施活动进行引导、制约和促进,以保证实施活动不偏离公关目标。

3. 控制进度原则

控制进度原则就是根据公共关系计划中各项工作内容实施时间进度的要求,随时检查各项工作的进度,及时发现滞后(或超前)的情况,搞好协调与调度,使各项工作内容按计划协调、平衡地发展,并确保按时完成。

4. 整体协调原则

整体协调原则是指在公共关系实施过程中,使工作所涉及的方方面面达到和谐、合理、配合、互补和统一的状态。

5. 反馈调整原则

反馈调整原则是指通过监督控制机制及时发现公共关系实施中的方法偏差甚至错误,并及时进行调整与纠正,通过多次循环往复的反馈、调整,使实施不断完善,直到完成公关计划。反馈调整流程如图 4 - 1 所示。

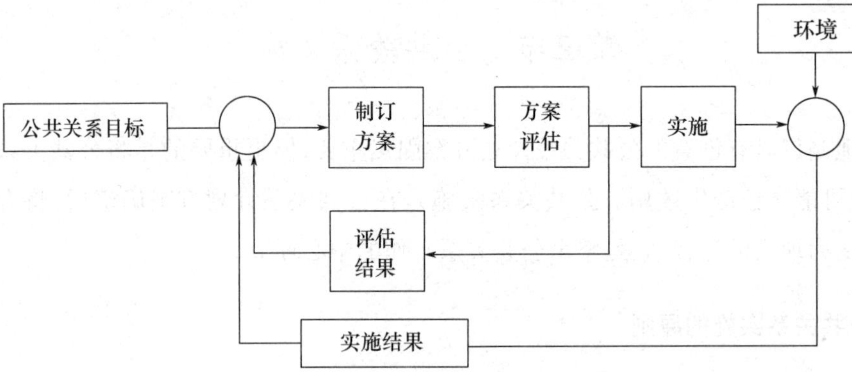

图4－1 反馈调整流程图

二、公共关系实施的要求

要使公共关系实施真正达到预期效果，在实施过程中应达到以下几点要求。

1. 有效地排除实施中的障碍

虽然公共关系计划经过认真论证，但在实施过程中也难免遇到这样那样的障碍，这些障碍有内部的也有外部的，有主观造成的也有客观造成的。正视种种障碍并采取有效的措施予以排除，才能保证计划的有效实施。影响公共关系实施的障碍主要有以下几方面。

（1）主体障碍

这类障碍主要是产生于实施主体自身，包括组织的人员素质、管理水平、计划与论证存在问题与失误等，从而造成公关目标障碍、公关创意障碍、公关预算障碍等。这些障碍将会直接影响到实施的效果和目标的实现。

（2）沟通障碍

公关方案的实施目的在于实现组织和公众之间的双向沟通。但在沟通过程中有不少障碍因素，例如，语言障碍、习俗障碍、观念障碍、心理障碍及组织障碍等，这些障碍都会影响信息传播的真实性，使组织无法顺利实现与对象公众的沟通。

（3）环境障碍

公共关系实施环境障碍是来自于实施环境的各种制约因素、对抗因素、干扰因素。这些因素会从正面（促进）和反面（制约）影响实施工作的开展。

2. 及时妥善处理实施过程中的突发事件

对公关方案的实施干扰最大的莫过于重大的突发事件。如果组织不能及时妥善地处理,不但使整个方案无法实施,甚至会给组织带来巨大的危机。产生突发事件的原因有多种,但不论何种原因导致的突发事件,最关键的做法是应当保持头脑冷静,不能感情用事,认真剖析原因,正确选择对策,以使对组织形象损失降到最低。

3. 正确选择方案实施时机

正确选择时机是提高公关方案成功率的必要条件。如果在方案实施过程中,对于时机进行精心选择与安排,整个公关方案将会借助于恰当的时机而收到良好的效果。一般来讲,在实施公关方案时,正确选择时机应注意把握以下几点。

(1)要避开或者利用重大节日。凡是同重大节日没有任何联系的活动都应避开节日,以免被节日活动冲淡。凡是同重大节日有直接或者间接联系的公关活动方案则可考虑利用节日烘托气氛,扩大公关活动影响。

(2)要注意避开或者利用国内外重大事件。凡是需要广为宣传的公关活动都应避开国内外重大事件,以免被重大事件所冲淡。凡是需要为大众所知,又希望减小震动的活动则可选择重大事件发生之时。

(3)避免在同一天或同一段时间里同时开展两项重大的公共关系活动,以免其活动效果相互抵消。

第四节　公共关系评估

公共关系的评估是对公关计划实施工作的总结和最终效果的评价。它是公关活动的最后的一个程序,也是下一轮策划的开始。通过公关评估,可以总结成功的经验,分析失败的教训,进一步提高公关活动质量与水平;同时可以发现公共关系活动的缺陷与不足之处,作为组织今后公共关系具体目标政策和行为调整的依据。因此,公共关系评估有其重要的作用。

一、公共关系评估的标准

公共关系评估应从公共关系工作开展的准备过程、实施过程和实施效果三方面进行。因此,评估标准应包括这三个方面的标准。

1. 公共关系工作准备过程的评估标准

(1)背景材料是否充分

主要检验前几个程序中是否充分利用资料和分析判断的准确性。重点是及时发现在环境分析中被遗漏的、对项目有影响的因素。

(2)信息内容是否正确充实

主要检验所准备的信息资料是否符合问题本身、目标及媒介的要求。检验时强调的是信息内容的真实性与合理性。

(3)信息的表现形式是否恰当

检验有关传递的信息资料及宣传品设计在文字语言的运用、图表的设计、图片及展示方式的选择方面是否合理、新颖,是否能达到引人注目、给人以深刻印象的要求。

2. 公共关系工作实施过程的评估标准

(1)发送信息的数量

评估在实施过程中在电视广播讲话的次数、发布信件及其他宣传材料以及新闻发布的数量,以及宣传性工作如展览等进行与否及其努力程度。

(2)信息被传播媒介所采用的数量

报刊索引和广播记录一直被用来作为查对传播媒介采用信息资料数量的依据。其他宣传活动如展览、公开讲话的次数,也反映了组织为有效地利用各种可能渠道将信息传递给目标公众的努力程度。

(3)接收到信息的目标公众数量

将收到信息的各类公众进行分类统计,从中找出目标公众的数量及其结构。可以借助于报纸杂志的发行量、会议及展览的出席人数等作为评估的参考数据。

(4)注意到该信息的公众数量

了解传播信息的实际效果。

3. 公共关系工作实施效果的评估标准

(1)了解信息内容的公众数量。

(2)改变观点、态度的公众数量。

(3)发生期望行为和重复期望行为的公众数量。

(4)达到的目标和解决的问题。

(5)对社会和文化的发展产生影响。这种影响同其他各种因素共同起作用,并在较长时间里以复杂的、综合的形式表现出来。

二、公共关系评估的程序

一般来讲,评估工作可分为以下四个阶段。

1. 评估准备阶段

在评估准备阶段中,应确定评估的目标和标准,安排评估人员和时间进度。

2. 全面评估阶段

全面评估阶段就是运用各种评估的具体方法,全面搜集各种所需的评估资料和信息。

3. 整理分析阶段

在整理分析阶段,应参考评估标准对所搜集的各种资料或信息进行分析比较、统计对照,检查既定公共关系目标是否达到,检查预算执行情况与效果。并在评估分析的基础上,提出计划实施中尚存在的没有解决或新发展的问题,并进一步分析产生这些问题的原因。

4. 撰写报告阶段

在全面检查、评估分析、提出问题的基础上,公共关系人员应根据情况和需要调整工作计划和目标,并向决策部门报告分析结果,以便领导者统筹考虑组织的目标和任务。同时,还要针对新问题并根据组织的总目标、总任务,设定公共关系下一个阶段目标。

三、公共关系评估的内容

公共关系评估是公关活动的全方位的检测,组织希望得到的不仅是总体的印象评估,而且是非常具体的和准确的评估结果。一般而言,专项公共关系活动的全面评估内容主要包括以下方面。

1. 公共关系目标检验

评估总体目标是否正确;围绕这个目标的各种实施目标是否具体;检验目标是否成为现实,或者在多大程度上成为现实;组织内部成员对活动的目的是否透彻了解;组织内部各部门对活动是否积极合作和大力支持。

2. 公共关系计划检验

分析公共关系计划的可行性和计划的实现情况等,发现公共关系计划制订是否正确合理、周密；计划实现的程度、范围、效果怎样；计划实施方法、程序是否需要调整或修正；主体是否明确且富有号召力；计划预算是否适当。

3. 公共关系经济效益检验

通过评价公共关系活动，检验组织的产品销售量是否有所增长，增长多少。

4. 公共关系社会效益检验

通过评估公共关系活动，检验组织的知名度和美誉度是否有所提高，提高了多少。

四、公共关系评估的方法

公共关系评估的方法主要有以下五种。

1. 观察反馈法

观察反馈法由评估人员直接参与实施过程，进行实地考察，记录各个环节实施的状况和顺序以及进展情况。

2. 目标管理法

目标管理法以预先设定的目标作为评估分析的主要依据，根据实施效果和目标对照考核，进行衡量。

3. 舆论和态度调查法

舆论和态度调查法是在公共关系活动的前后分别进行一次舆论调查，检查公共关系活动对公众的态度、动机、心理、舆论等方面的影响。通过舆论与态度调查，借助“组织形象地位图”，检查组织知名度和美誉度的改善情况；运用“组织形象要素调查表”，检查组织形象要素的具体构成有了哪些进步；通过“形象要素差距图”，检查组织实际形象与期望形象之间的形象差距有多少改善。

4. 内部及外部评估法

内部及外部评估法是根据组织内部各职能部门的资料和组织外部广大公众的信息反馈来评估的。可以通过从不同渠道汇报上来的各种资料，如数据、图表、报告，作为评估的重要依据。

5. 新闻报道分析法

新闻报道分析法是指根据组织在新闻媒体的见报情况来评估公共关系效果的方法。新闻舆论的敏感度很高，是反映组织形象的一面镜子。根据新闻传播的数量、传播的质量、传播的时间、传播媒介的影响力、新闻资料的使用等方法来进行评估，可获知本组织形象的状态。

上述各种评估方法都有各自的特点，不同组织可根据自身的实际情况具体选择和应用这些方法。也可以综合运用，通过几种方法相互比较、相互引证，得到一个全面的、综合性的评估结论。

五、公共关系评估报告的撰写

公共关系评估报告是评估工作的最终成果，它主要说明的是“我们做得怎么样？为什么会这样？”评估工作实质上也是一种调查工作，是对整个公共关系活动的调查。因此，评估报告的格式与调查报告的格式相似，只是内容和针对性有所区别。一般包括以下内容：

（1）描述整个公关活动过程；

（2）简洁概括活动所取得的主要结果及其存在的不足；

（3）科学预测尚未解决的一些问题在今后的发展趋势；

（4）提出相应的解决办法，为决策者决策提供充分的信息根据。

第五章　公共关系策划方案

第一节　公共关系策划主体方案

公共关系策划方案又称为公共关系策划书。公共关系策划文案是策划全过程最终形成的文件，是公共关系工作方案实施过程的指导性蓝图。策划书是市场经济发展到一定阶段的产物。策划书的问世，使策划劳动有了一种物化的形式，成为一种特殊的商品。如果策划者是一个社会组织委托提供策划服务的主体，那么，策划书便成为这一智力劳动的载体，并被看作商品而出售给委托方。总之，策划书是现代社会极富生命力的应用文体。

公共关系策划方案包括标题、主题、目的、背景分析、活动方式和实施步骤、传播策略、经费预算、效果评估、署名与日期。

一、标题

作为一份完整的策划方案，必须具有标题。标题的写法有两种：一种是由公共关系活动主体（组织的名称）、公共关系活动的主要内容加上“策划书”构成。例如，“桂林市龙胜县秋季旅游公共关系促销活动策划书”，其中“桂林市龙胜县”是组织名称，“秋季旅游公共关系促销活动”是主要内容。另一种是在上一种标题的基础之上再加上一行揭示主题的文字，形成正副标题，如“生命呼唤绿色——三金药业股份有限公司环保宣传活动策划方案”。

二、主题

主题就是用简洁的语言概括公共关系活动创意内容。如桂林中学百年华诞庆典活动的主题为“同一身份，同一盛事”，其概括的公共关系活动创意内容为无论你来自何方，无论你去向何方，无论你现在的身份与地位如何，现在或是曾经我们都在这里学习过、成长着、工作过，共同拥有一个身份——桂林中学的一分子。在桂林中学百年华诞之际，我们将以最高昂的热情，用最热烈、最隆重的方式，共同迎接、共同庆祝我们大家的节日——桂林中学百年华诞。

三、目标(或目的)

用简洁的语言表明本次公共关系活动要达到的目的或目标,以此为公共关系活动评估提供参照,同时也表明了本次公共关系活动的意义所在。如桂林市环保宣传活动的目的是:向市民宣传环保知识,进一步提高市民的环保意识,共创国家环保模范城和建设国家级生态示范市;向市民推荐绿色产品。

四、背景分析

公共关系活动背景分析是公共关系策划方案正文的一项要素。这是因为社会组织的任何一项公共关系活动都不是无缘无故的。作为活动的主办方或出资方,在特定的时间、地点,推出一项公共关系活动,均有其特定的背景和需要。一份策划方案,在充分调查研究的基础之上,首先阐明这一背景和需要,才能引出后面的具体策划内容、方案,才能说明举办这一活动的迫切性、针对性和意义所在。

公共关系活动背景分析的撰写并无固定的套路,可视活动的不同性质而定。如一项公益型公共关系专题活动的策划书,与一项品牌推介型公共关系专题活动的策划书,其活动背景分析的撰写重点就有所不同:前者强调社会热点和公众需要,后者着眼于市场竞争态势和企业拓展需要。但一般来说,都离不开两大块内容:一是社会、公众和市场需要,二是组织自身发展需要。只不过不同的活动各有其不同的侧重点而已。所以,撰写者在写公共关系活动背景分析这一部分文字时,必须牢牢把握社会、公众、市场需要和组织自身发展需要,并注意用简洁的语言表明这一内容。同时在分析社会、公众、市场需要时,应以一定调查资料为基础而展开。

五、活动方式和实施步骤

实施步骤一般分为准备阶段、实施与传播阶段、善后阶段。在每一个阶段,一般都要写明活动时间或时机、场地、人物(包括实施人员)、方式、物品调度等要素,并将其进行动态组合,从某种意义上说就是公共关系活动在文本上的预演。策划书的可操作性和实践指导性就体现在这一部分。

1. 时间或时机

时间或时机对策划者来说可以说是命运之神,关系到公共关系活动的成败。如何选择合适的时间或时机,策划者应慎重考虑。一般来说,适宜公共关系活动进行的时间或时机有如下几项。

(1)节假日

目前中国有十几个传统的和从国外引进的节假日。

(2)组织创办或企业开业之际

例如,美国芝加哥体育中心酒店,在酒店刚刚破土动工时,就开始向公众传播设计规划,介绍施工情况,邀请有关人士参加联欢活动,征求意见等,使酒店在未开业之前就已有一定的知名度和美誉度,建立了良好的形象,拥有了一大批顾客。

(3)企业推出新的产品和新的服务项目之际

例如,桂林市台联房产在推出枫丹丽苑楼盘时就加大了公共关系宣传力度,进行了一系列公共关系活动,如赞助桂林市 2001 年环保宣传活动等。

(4)组织发展很快但声誉尚未形成之际

例如,桂林市恭城县、平乐县等具备丰富的旅游资源,但知名度并不高,在这种情况下,相关部门和单位开展了一系列公共关系活动,如节庆活动、参加展览展销活动等,通过媒介的推波助澜,它们的知名度和美誉度在逐步提升。

(5)组织更名或与其他组织合并之际

例如,第一次世界大战后,日本的"安国银行"改名为"富士银行"时,为了使银行的声誉不受影响,拨出 1 000 万日元的巨额预算进行维持信誉的公共关系活动。

(6)组织在某些方面出现失误或遭到误解之际

例如,上海汽水厂生产的"正广和"汽水,销售信誉一直很好。突然被媒体披露说"正广和"汽水瓶中有一只死老鼠。销售陷入空前危机。厂领导立即进行调查研究,认为老鼠不可能在生产过程中进入汽水瓶。面对这一情况,该厂果断做出决定,与其自我解释,不如抓住这一新闻事件,吸引新闻媒介了解并报道该厂的产品工艺流程,从而变坏事为好事。第二天,记者们参观了汽水生产线上所有工艺流程,厂方还向记者介绍了该厂采用的最新高科技技术。事实证明,老鼠不可能在生产过程中钻入瓶子,只能是顾客打开瓶盖后钻入的。通过这一事件,汽水厂不仅解除了顾客疑虑,增强了信誉,还免费做了一个广告,进一步扩大了影响。

(7)富有价值的信息被捕捉到之际

例如,1992 年希拉里夫人为其丈夫克林顿助选美国总统而在纽约港某豪华客轮上集会时,健力宝公司驻美国分公司利用此机会,在客轮上安排了希拉里夫人举着健力宝饮料向大家致意的场景。这一场景被媒体捕捉并争相报道,于是第一夫人笑吟吟地举起健力宝饮料的消息很快传遍美国。

2. 场地

适合公共关系活动开展的主要场地如下。

(1)闹市

繁华的街道上和顾客盈门的商场,由于公众云集,易于传播,是公共关系活动首选场地。一般来说,生产日用生活用品的企业,适宜选择这些场地作为公共关系活动的舞台。

(2)广场

指适宜举办大型公共关系活动的体育广场、文化广场以及城市广场。一般来说,重大的节庆活动、物资交流贸易会、体育比赛、文艺演出等,须以这里为舞台。

(3)会堂

各种类型的会堂是召开各种会议的场所。一般来说,员工大会、颁奖典礼、新闻发布会、与协作者磋商、与公众的对话联谊,适合在这里举行。

(4)展馆

展馆可以说是供各类组织进行展示性公共关系活动的专门场所,自然也是极佳的舞台。由于展馆展厅一般面积很大,其服务的方式往往是举办短期展览会,供同一行业、同一类商品、同一地区的有关组织联合使用。因此,选择展馆为公共关系活动舞台时,如果是独家使用,就要审视自身的实力;如果是联合使用,就要注意与组织自身同性质的展览会信息。

(5)现场

现场指生产现场、施工现场、事件发生现场等。由于有时与所传播的信息密切相关,因而利用现场举办公共关系活动往往有很大的说服力。因此,利用现场来进行公共关系传播的概率比较大。

选择了公共关系活动的场地后,还需对场地加以布置。大型公共关系专题活动的场地布置,是一项对创意和专业技术均有很高要求的工作,其具体设计方案一般还须另行撰写,并配有专门的设计效果图。但在活动策划文案中,往往也可以列为一个要素,拟出几条原则性的意见和设想,让客户或主管领导审阅文案时有个大体印象。作为初学策划文案写作的学生,往往在写场地布置部分时,写得较为理想的不多。主要原因仍是有相当一部分学生缺乏操办大型活动的实际经验,一时找不到活动场景的感觉。其实,稍有悟性者只要多观察和琢磨电视中经常播放的有关活动(如晚会等)的现场布置,是不难从中领悟一些基本法则的。

3. 人物(包括实施人员)

在公共关系活动中,要注意考虑如下人员的安排。

(1)组织领导

他们既是一个社会组织形象的代表,又是公共关系活动的决策者、组织者、指挥者、参与者。因此,组织领导在整个公共关系活动中该什么时候亮相、怎样亮相、亮相时该传播什么信息,策划者在拟订计划时均应有所考虑。

(2)组织英雄

一个成绩卓越的社会组织,总会在实践中涌现出若干英雄人物。他们或是科技工作者,或是普通劳动者,或者是中层管理者,也可能兼为组织领导。在公共关系活动计划中应让这些英雄们登场亮相。如此,既可激励内部公众,也可折服外部公众,并使英雄本身拥有成就感。这对树立良好的组织形象是大为有利的。

(3)演艺界明星、体育明星、文坛明星等

富有较大的知名度的人,如果公共关系活动中能请他们出场,就能借助他们身上的光环效应,使组织信息的传播效果更佳。由于名人们各有特色,又比较忙,选择哪几位名人应妥善考虑。

(4)媒介记者

因公共关系活动的目的之一就是要尽可能广泛地传播信息,因此与大众传播媒介代表的联络是不可或缺的。计划中对媒介代表的选择一般与"选择媒介"程序中所确定的媒介是对应的。在"拟订计划"阶段,应考虑如何接待媒介代表,向他们传播怎样的信息,要考虑给他们提供怎样的拍摄条件等。

(5)公共关系人员

公共关系人员即整个公共关系活动落实、实施的文职工作人员,他们该如何分工,该安排哪几位出外协调关系，该安排哪几位布置公共关系活动场地，哪几位准备公共关系文件等，均应细致地予以考虑拟定。

(6)各种仪式中演奏的铜管乐队队员以及迎宾、烘托气氛的礼仪小姐

在拟订计划时，应根据有关要求，确定礼仪队员人数、分工、服务项目及具体任务等。在拟定具体计划时，往往把以上各因素组合起来考虑，并确定礼仪队员人数、分工、服务项目及具体任务等。

4. 活动方式

公共关系活动方式可以说伴随着策划者的策划，层出不穷，花样百出。在此，仅介绍几种常用的方式。

(1)节庆活动

即通过文化节庆、纪念庆典等来传播组织信息。例如，大连国际服装节、潍坊国际风筝节、上海国际电影节、青岛啤酒节、桂林山水节、阳朔漓江渔火节、深圳荔枝节、苏州建城2 500年庆典、可口可乐问世100 年庆典等。

(2)新闻发布

即通过发布会上的群体传播与新闻媒介的大众传播相结合，有效地传播组织的信息。例如，1995 年 6 月，安徽省借在上海浦东投资的裕安大厦启用之机，由各地方组团在上海进行大规模招商活动，其中最主要的方式便是召开了新闻发布会，有效地传播了安徽各方面的信息。

(3)赞助

即通过对体育、文化、赈灾、助残、社会公益福利事业的赞助，以树立组织良好的形象。例如，健力宝、农夫山泉等开展的体育公关。

(4)展览展销

即将组织所拥有的有说服力的事实——包括投资环境、固定资产、过硬的产品、出类拔萃的人才、社会的赞誉等，或以实物、或以图片、或以文字予以展示，从而令人信服地传播组织信息。例如，桂林国际会展中心开展的一系列展览展销活动。

(5)演示

即带有表演性质，又能让群众参与的专题活动。例如，日本西铁城钟表商为在澳大利亚打开市场，曾出人意料地采用直升机空投手表，谁拾到归谁所有。结果，观者云集，手表

空投后被幸运者拾到，完好无损。于是“西铁城表高质量”的名声不胫而走。

(6)对话

即组织决策者或管理者与公众进行面对面的对话。可以是有问有答的大会，也可以是小型讨论会或协商会，还可以是个人之间的谈心沟通，以有的放矢地传播组织信息，并及时从公众那儿获得信息反馈。组织内部的员工会议、与协作者进行的业务谈判、召开顾客公众参与的建议征询会等，均属“对话”这一方式。

(7)公共关系新闻策划

公共关系策划人员有意识地策划良性新闻，以吸引媒体的注意，增加被报道的机会，以传播组织的信息。

5. 物品调度

公共关系活动涉及的物品、道具很多，例如，音响器材、桌椅板凳、背景板、飘空气球、条幅、横幅、步道旗、罗马柱、花篮及彩虹门等礼仪庆典专用物品，还有胸卡、入场券、宣传册、文化衫、广告帽、遮阳伞、手提袋等，这些物品、道具往往成为活动场地布置、烘托活动气氛、宣传组织形象的工具和广告载体。在公共关系活动中，企业往往通过它们作为广告载体来传播自身信息，为树立企业形象服务；而对活动的组织者来说，在有些时候，它们是企业的赞助媒介，是活动组织者的经费来源，在公共关系活动中所有这些物品应给予适当的安排和运用，发挥其应有的作用。

6. 具体步骤

在拟订具体计划中，往往把以上各因素组合起来考虑，并确定实施的具体步骤。一般来说，一个完整的公共关系活动计划包括如下三个步骤。

(1)准备步骤

该步骤主要是公共关系活动正式实施前的一系列工作，包括落实、装饰公共关系活动场地；联系、落实出席公共关系活动的名人政要；联系、落实出席公共关系活动的媒介代表；通过有关媒体营造气氛；撰写主要文稿；准备要展示的实物、图片、音像资料；拟定活动的具体程序表；有关人员的具体分工。

(2)活动步骤

该步骤又分为两个阶段。前一阶段为“接待序曲”，其主要工作为有关人员各就各位；迎接来宾在休息室休息；发宣传资料与公共关系礼品；检查活动场地的有关设施。

后一阶段为“传播高潮”,其主要工作为开始正式程序;通过组织领导传播组织的主要信息;通过名人政要传播附加给组织美誉的有关信息;通过英雄模范人物传播组织局部的、却是关键的求取美誉的信息;通过现场展示以及实物、图片、音像资料全方位传播组织信息;进行必要的反馈、沟通;媒介录制、传播信息;制造必要的高潮气氛。

(3)善后步骤

即传播高潮结束后的有关工作,包括招待、欢送来宾;与少数公众进行深度沟通;整理、恢复活动场地;检查媒体传播活动信息情况;经费核算。

以上各工作步骤,仅是就一般常规公共关系活动而言。由于很多公共关系活动策划极富创造性,其体现的是一种个性化的策划艺术,很难予以规范,也难纳入一般的计划中介绍,这是需要特别指出的。但是作为活动,它总有“序曲”“高潮”“善后”的共性,这也是一种不言而喻的规律。

六、传播策略

凡策划和实施一项公共关系专题活动,尤其是较为大型的公共关系专题活动,主办(出资)单位自然希望这一活动能产生较大的社会影响,乃至造成一定轰动效应。所以,一旦活动内容确定,则需要围绕活动内容全面设计和制定活动的信息传播策略。这一策略一般包括以下三个方面。

1. 新闻媒介传播

即通过新闻媒介发布有关活动消息及相关报道。这一传播方法投入资金少,宣传效果好,最为理想。所以,一个大型公共关系专题活动,在策划时必须考虑到其宣传的“新闻眼”,并据此制订其新闻媒介传播方案。这一方案的内容包括分几个阶段组织新闻报道;采取什么形式组织新闻报道;重点邀请哪些新闻媒介进行报道。

2. 广告媒介传播

即通过广告发布的形式来传播有关活动的信息。对一个大型公共关系专题活动来说,广告媒介传播往往构成其传播策略的重要部分,是新闻报道的补充和加强。由于广告的费用投入较大,所以究竟投入多少广告,采取什么形式组合,均是策划文案的这一部分所应谋划和建议的。

3. 其他媒介传播

即通过宣传单页或宣传册等媒介传播有关活动的信息。这是大型公共关系活动信息传播的补充手段，但由于定向发送，往往能取得比较好的实际效果。

以上三个方面，构成了大型公共关系专题活动信息的整合传播框架。这三个方面如何配置，才能取得最好的宣传效果，策划时应该认真考虑，予以合理安排，并在策划文案中加以明确。所以，把这一部分称之为“传播策略”，其中“策略”二字尤为重要。

七、经费预算

进行公共关系活动经费预算，也就是在计划中将资金、人力和时间进行合理分配，以便有效地开展工作，从财力上保证将公共关系工作纳入正轨。通过估算公共关系活动经费，为以后评估公共关系工作的成果及所取得的效益提供比较科学的依据。根据经费情况，便于选用恰当的公共关系活动方式和传播媒介，也容易将公共关系的计划方案具体化，形成时间—经费—活动一览表，保证各项具体任务的实施；保证公共关系活动经费按计划支出，防止透支或以权谋私的现象发生。

公共关系活动费用的基本构成有十个部分。

1. 场地费用

场地费用即指场地租金。

2. 物资费用

物资费用包括活动使用的各种道具、器材、设备、文具、礼品及布置场地物品所需的费用等。

3. 礼仪费用

礼仪费用包括礼仪性项目的开支，如邀请乐队、仪仗队、文艺演出的演员等的花费。

4. 保安费用

保安费用指活动期间保卫工作、安全设施等费用支出。

5. 宣传费用

宣传费用包括用于活动宣传方面的开支，如摄影、录像、广告宣传、宣传品印刷、展示费用等。

6. 项目开支

项目开支包括交通运输费、差旅费、办公费等行政性开支或代付费用。

7. 餐饮费

假如活动项目中有宴会或餐饮计划，需要安排这一项目开支。

8. 劳务费

劳务费包括公关人员和其他劳务人员的薪水。公共关系活动是知识与劳动均呈密集状态的突击性工作，人员的工资、报酬在整个经费中占有很大的比重。这里的人员开支，主要包括公共关系专家、公共关系文职人员、公共关系礼仪队员、名人、摄影师等参与公共关系活动人员的工资、奖金、补贴等。

9. 不可预算的费用

应急费和大型活动常有的许多不可预算的开支，通常都在这一类费用列支，一般是以活动费用总额的5% ~10%计算。

10. 承办费

假如委托专业公共关系机构承办，必须支付承办费，这一费用实际包括了承办机构的管理费、利润。

以上活动经费预算通常是以编制预算书的形式完成的。

目前，大型活动项目的预算书的编制一般都按国际惯例，不能用一些笼统的编制方法，而应该是实实在在地一项一项列示清楚，尤其是一些代付酒店的费用、购物的费用，许多主办机构要求直接结账，并将账单直接交还财务销账，所以预算书要十分具体、准确。

八、效果评估

效果评估是构成公共关系专题活动策划文案的最后一个要素，即根据规范化要求，在活动方案、实施计划及经历预算完成之后，应事先对这一活动的成败定出一个评估标准。诸如活动各环节的规范操作和呼应、活动应取得的效应、活动参与人数和信息覆盖人数、媒介报道这一活动的发稿数量、政府有关部门和社会公众的反映以及主办（出资）机构通过这一活动在知名度和美誉度方面的提升等，均可根据不同情况，酌情列入评估标准之中。和效果预测不同的是，这一评估标准应力求物化，尽可能定出可检测的客观指标，以便事后评估和验证。（注：在实际操作中，有些项目的评估可借助必要的抽样调查进行）

评估标准制定的依据来自两个方面，一是对活动效果的科学预测，二是行业根据投入产出比率所形成的对这类活动的一般标准和要求。

综上所述，一份公共关系策划书除了以上主要部分外，往往还有策划者署名、策划日期、附件等内容。有些重大的策划，其形成的策划书文字篇幅势必较长，因此在策划书的标题之下，还有目录与序文等。

【案例六】

2005年桂林市环保宣传活动方案

一、背景分析

每年的6月5日是世界环境日，环保是全球的热点话题，是全人类共同关注的焦点。2005年桂林市54项市政重点工程已初见成效，城市面貌已焕然一新，桂林市提出了创建国家环保模范城和建设国家级生态示范市的奋斗目标。在此背景下，向市民宣传环保知识，进一步提高市民环保意识，倡导绿色消费已势在必行。

二、活动主题

营造绿色城市，呵护地球家园；人人参与，创建绿色家园。

活动口号为“为了我，为了你，为了孩子，让我们从现在做起。”

三、目的

1. 向市民宣传环保知识，进一步提高市民的环保意识，巩固国家环保模范城和建设国家级生态示范市成果，为桂林旅游创造良好的人文环境。

2. 向市民推荐绿色产品，倡导绿色营销与绿色消费。

四、时间和地点

时间：2005年6月5日

地点：桂林市中心广场

五、举办单位

主办单位：桂林市委宣传部
桂林市环保局
桂林市教委
桂林市团委

桂林市广播电视局

承办单位:桂林市大地公关公司(策划者)

桂林航天工业高等专科学校(策划者)

广西师范大学

桂林工学院

参与人员:(1)市领导5人

(2)环保局相关负责人35人

(3)大、中学管理部门500人

(4)媒体记者15人

(5)举办单位150人

(6)相关企事业单位300人

(7)演出队100人

(8)市民近10 000人

六、吉祥物和背景音乐

吉祥物:青蛙(益虫,壮族人民的图腾)

背景音乐:大自然之声的轻音乐(《绿色的呼唤》及其他轻音乐)

七、活动项目与实施步骤

1.30块环保宣传展板:内容包括环保知识、正反对比漫画、宣传画。注:主办单位环保局负责20块,承办单位负责10块(广西师范大学、桂林航天工业高等专科学校、桂林工学院),在6月2日前完成,并通过验收。

2.50块环保小报展示:环保局、市教委负责,在6月2日前完成,并通过验收。

3.儿童优秀环保绘画展:环保局、市教委负责,在6月2日前完成,并通过验收。

4.环保咨询:长20米的咨询台,主办12米,承办8米。专业人员由环保局负责。

5.“创建国家环保模范城、建设国家生态示范市从我做起”万人签名活动(大地公关负责)。

6.环保歌舞表演:环保局、市教委负责,6月2日彩排。

7.“卡通人物”发送有关环保资料：大象、小熊、青蛙、小白兔、小蜜蜂，桂林航天工业高等专科学校负责，在6月2日前完成，并通过验收。

8. 环保宣传彩车：10辆左右。大地公关负责彩车装饰，桂林航天工业高等专科学校准备宣传资料，彩车游行路线协调问题由宣传部、环保局负责与交警部门协调。其中，第一辆和第五辆、第十辆突出环保主题，其余车辆展示环保产品。

（1）路线：市教委门口—桂林大酒店—第二人民医院—伏波山酒店—象山公园—南门桥—中心广场—市教委门口。

（2）停车分发资料站点：中心广场、市教委门口（速度慢行，发资料）。

9. 环保倡议书（环保局负责）。

10. 环保演讲比赛（桂林航天工业高等专科学校负责）。

（1）主题：环保与健康、环保警示。

（2）评委：宣传部1名、教委1名、环保局3名。

（3）演讲人员由三所院校各选4名学生参加。

11. 环保有奖问答：环保局、大地公关、桂林航天工业高等专科学校各出1名主持人，出题由环保局负责。

12. 美丽彩虹：儿童用画笔描绘心目中的明天。主题为“美丽明天”，9位小画家由团市委负责，内容及材料由大地公关公司负责。

13. 绿色产品展示（大地公关、桂林航天工业高等专科学校负责）。

14. 生物标本展示（50多件，广西师范大学负责）。

15. 废旧电池回收（团市委、桂林工学院负责）。

八、活动程序

1. 8:00 — 9:30　场地布置

2. 9:30 — 9:50　接待准备

3. 9:50 — 10:10　活动开幕式（500人参加）

（1）主持人（开幕式活动由环保局派1名人员主持），介绍到场领导和嘉宾（3分钟）。

（2）市环保局局长讲话（3 ~ 5分钟）。

（3）宣读环保倡议书（桂林航天工业高等专科学校学生，3分钟）。

(4)市领导宣布:“世间万物,生命之网环保宣传活动开始。”

4.10:10 — 10:30　美丽彩虹

5.10:30 — 11:10　环保歌舞表演,穿插环保知识有奖问答(约20题)

6.10:10 — 12:00　咨询(动物、植物及环保知识)

7.12:00 — 17:00　广播宣传(15:00 — 16:00停播)

8.15:00 — 16:00　环保演讲比赛(5分钟/人,12人决赛),现场颁奖(穿插环保知识有奖问答(约20题))

9.17:00　白天活动结束

10.19:40 — 21:30　环保文艺晚会(含汇报演讲,环保局、市教委负责)

九、传播途径

1.前期宣传

由市团委将活动发至企事业单位;由市教委将活动消息发给各大专院校、中小学校;由桂林日报、晚报、电视台于5月30日左右进行媒体发布。

2.中期宣传

桂林日报、晚报、电视报、电视台、电台、中国旅游报、中国环境报、广西日报、广西电视台等进行现场采访与报道,拟邀请区环保局及广西电视台领导参加。

3.后期宣传

桂林日报、晚报、电视报、电视台、电台在活动结束后半个月内,在相关媒体上组织发表有关“新闻综述”之类的文章,对本次活动进行评述,以进一步扩大活动的影响。

十、组委会名单

主任:×××

副主任:×××　×××　……

组委会成员:×××　×××　……

十一、工作安排

1.宣传彩车设计、制作(大地公关负责)

2.彩车游行交通秩序维持(桂林市交警支队负责)

3.现场秩序维持(桂林市公安局、中心广场管理处、桂林航天工业高等专科学

校负责)

4. 服装(大地公关、桂林航天工业高等专科学校负责)

5. 场景设计与布置(大地公关、桂林航天工业高等专科学校、中心广场管理处协助)

(1)场景设计(大地公关负责)

(2)场地布置(大地公关、桂林航天工业高等专科学校负责)

(3)音响(大地公关负责)

(4)太阳伞30把(大地公关负责)

(5)桌椅(大地公关、桂林航天工业高等专科学校负责)

(6)主席台台布(大地公关负责)

十二、经费预算

1. 收入:各企事业赞助

2. 支出预算(略)

十三、效果预测与评估

(1)活动现场参加人数不少于60 000人次(包括彩车游行沿途现场参加人数)。

(2)媒介有关活动报道不少于10篇(次)。

(3)活动信息覆盖率占本地区人口的1/4。

(4)活动现场执行情况不发生任何明显失误。

(5)活动经费使用情况严格控制在预算之内。

(6)活动后参与活动企事业单位的知名度提升20%。

(7)活动后参与活动企事业单位的美誉度提升10%。

桂林市纪念“6.5”环境日宣传活动组委会

2005年5月18日

第二节 公共关系策划附属方案

任何公共关系活动的实施都离不开资金的支撑。资金的来源有的是政府或主办组织的拨款,但有的项目是要靠项目(活动)组织者进行企业化运作自筹资金来进行的,这就需要面向社会进行招商,让有关组织(如企业)进行赞助。企业在出资或进行物资赞助的同时,项目(活动)组织者应通过某种方式和途径回报赞助商,让赞助商通过对该项目(活动)的赞助而有所收获,或提高知名度或提高美誉度或二者兼得,以树立良好的形象。为此,就离不开"邀请函""招商简介"作为项目(活动)组织者联系有关赞助企业的这条纽带。

一、邀请函

邀请函由标题、收文单位、前言、参与项目费用与权益、联系方式、落款等组成。

标题的写法很简单,由事由加"邀请函"组成,如"2001 年桂林市环保宣传活动邀请函",或者就直书"邀请函"即可。

收文单位为被邀请参与该活动的单位全称。

前言的写作要求突出卖点,吸引企业。一般要用简洁的语言写明主办单位、时间、地点、项目(活动)名称、参与项目报道的媒体、项目(活动)信息覆盖人数预测、项目(活动)内容等。让有关单位对本次活动有一定的了解,以便根据自身情况选择是否参与本项目(活动)。

参与项目费用与权益要求用简洁的文字或表格,将赞助商应尽的义务,即所赞助的资金与物资,以及应享有的权益,即应该得到的回报表述清楚。

下面是 2002 年桂林市环保宣传活动招商时的两则邀请函例文,其中案例七是写得比较成功的,案例八是写得对企业缺乏吸引力的不成功例文。

【案例七】

2002 年桂林市环保宣传活动邀请函

为了把桂林建设成国家级生态旅游城市,桂林市委宣传部、桂林市环保局、桂林市教委、桂林市团委、桂林市广播电视局、桂林日报社等在世界环境日到来之际,于 2002 年 6 月 5 日上午 9 点 30 分至晚上 9 点 30 分在市中心广场隆重举行大规模、高规格的“2002 年环保宣传活动”，向广大市民宣传环保知识，进一步提高市民的环保意识，向市民推荐绿色产品，倡导绿色消费。

此次活动规模空前，届时将有广西电视台、广西日报、桂林电视台、桂林广播电台、桂林日报、桂林晚报、桂林电视报、中国旅游报、中国环境报等十余家媒体的数十名记者进行现场采访报道，预计活动现场参加人数将达 6 万人次。此次活动的主要项目有环保知识演讲比赛、环保文艺晚会、环保宣传彩车游行、美丽彩虹、万人签名、环保咨询与有奖问答、儿童优秀环保绘画展、宣传资料发放、动植物标本展示、废旧电池回收、绿色产品展示等十五项活动。此次活动为商家提供了无限商机，是企业提高知名度，体现企业社会责任感，提高美誉度的极好机会。因此，活动组委会特向大家发出邀请：“为了我，为了你，为了孩子，让我们从现在做起”。

表 1　参与项目费用与权益表

费用	项目与权益
30 000 元	(1)活动总冠名权；(2)成为协办单位；(3)参与颁奖；(4)开幕式上讲话；(5)宣传彩车 1 辆；(6)绿色产品展位 1 个；(7)10 名环保小姐或环保先生身披企业绶带
20 000 元	(1)环保文艺晚会冠名权；(2)成为协办单位；(3)参与环保文艺晚会颁奖；(4)环保文艺晚会讲话；(5)宣传彩车 1 辆；(6)绿色产品展位 1 个；(7)10 名环保小姐或环保先生身披企业绶带
10 000 元	(1)环保演讲比赛冠名权；(2)成为协办单位；(3)参与环保演讲比赛颁奖；(4)环保演讲比赛讲话；(5)宣传彩车 1 辆；(6)绿色产品展位 1 个；(7)10 名环保小姐或环保先生身披企业绶带
10 000 元	(1)环保美丽彩虹冠名权；(2)成为协办单位；(3)参与环保文艺晚会颁奖；(4)环保美丽彩虹讲话；(5)宣传彩车 1 辆；(6)绿色产品展位 1 个；(7)10 名环保小姐或环保先生身披企业绶带
500 元/3 米	现场宣传板展示
500 ~2 000 元	现场广告模型展示
150 元/位	环保小姐或环保先生身披企业绶带、现场发放宣传资料
1 000 元	绿色产品展位：2 m×2 m

表 1(续)

费用	项目与权益
1 000 元	宣传彩车 1 辆,闹市区游行(彩车设计、装饰设计)
2 000 瓶饮用水	(1)独家赞助饮用水(或饮料)单位;(2)成为协办单位
200 份午餐	(1)成为协办单位;(2)绿色产品展位 1 个
1 000 元/个	飘空广告气球:在闹市区的中心广场悬挂
1 000 元/个	彩虹门:在闹市区的中心广场发布 3 天
2 000 元	卡通广告帽 500 个
3 000 元	广告衫 500 件
500 元/10 米	主席台横幅、生物标本展示台横幅
80 000 元(本次广告独家赞助)	(1)活动总冠名权;(2)成为协办单位;(3)参与颁奖;(4)开幕式上讲话;(5)宣传彩车 10 辆;(6)绿色产品展位 5 个;(7)10 名环保小姐或环保先生身披企业绶带;(8)6 个飘空广告气球;(9)彩虹门 4 个;(10)广告衫 500 件;(11)卡通广告帽 500 个;(12)40 米主席台横幅、生物标本展示台横幅

电话:×××××××

联系人:×××

2002 环保宣传活动组委会

2002 年 5 月 15 日

【案例八】

2002 年桂林市环保宣传活动邀请函

作为当今世界三大主题之一的环保问题,已向世人告之它的重要性,为了向市民宣传环保知识,进一步提高市民的环保意识,并且向市民推荐绿色产品,由环保宣传活动组委会举办的"2002 年桂林市环保宣传活动"特向大家发出邀请:"为了我,为了你,为了孩子,让我们从现在做起"。

以下为项目及费用:

1. 冠名权

(1)总活动冠名:3 万元

包括协办、颁奖、讲话、彩车 1 辆、500 件环保广告衫、10 名环保小姐或先生、绿色产品展位。

(2)环保演讲冠名:1 万元

包括协办、颁奖、讲话、彩车 1 辆、500 件环保广告衫、10 名环保小姐或先生、绿色产品展位。

(3)环保文艺晚会冠名:1 万元

包括协办、颁奖、讲话、彩车 1 辆、500 件环保广告衫、10 名环保小姐或先生、绿色产品展位。

2. 绿色产品展位:1 000 元/2 米

3. 环保宣传彩车(车自备):1 000 元/辆(送绿色产品展位 1 个)

4. 独家赞助:2 000 瓶矿泉水或饮料,绿色产品展位 1 个

协办联系方式:

电话:×××××××　　传真:×××××××

网址:www.×××　　联系人:×××

2002 环保宣传活动组委会

2002 年 5 月 15 日

案例八中存在的主要问题是前言卖点不突出,对活动的规模、规格、预计参加活动的人数,以及信息覆盖预测、活动项目、活动日期、参加活动的媒体、能达到的预期效果等均没有说明,对企业来说缺乏吸引力和诱惑力。此外,参与项目、费用与权益也不明了,不如案例七那样以表格的形式一目了然,不利于获得赞助,也就不利于组织和筹措活动所需的经费,应该说这样的邀请函的写作是不成功的。

二、招商简介

招商简介的构成由标题、前言、主办单位、主要活动项目、赞助商宣传回报方案(包括项

目总冠名权、指定产品、特选产品、推荐产品等赞助商宣传回报方案）、广告媒体价目表细则、联系方式等构成。

下面我们看一则范文。

【案例九】

2001年大连国际服装节招商简介

一、前言

大连位于中国辽东半岛南端，依山傍海，风景秀丽，是中国重要的港口、工业、商贸、旅游、信息城市。大连交通便利，是东北的窗口，京津的门户。

大连国际服装节是集经贸、文化、旅游为一体的颇具规模的重大城市节日，她与香港时装节结为姐妹节，至今已成功地举办了十二届。大连国际服装节以其精彩纷呈的活动，独具个性的创新理念，显著的经济效益而享誉海内外，她在引领时尚潮流，促进国际间经贸、文化交流与合作，创造商机等方面起到了举足轻重的作用。其主要活动有：开幕式暨大型广场艺术晚会、国际服装博览会暨中国服装出口洽谈会、巡游表演——大连狂欢节、“大连杯”中国青年时装设计大赛、世界名师时装展演会、世界名师名牌论坛、中国金牌形象大使电视服装大赛、亚洲超级模特大赛、国际服饰文化理论研讨会、游园会、闭幕式综艺晚会。

丰富多彩、规模宏大的大连国际服装节每届都吸引着数以万计的海内外商贾、海外政界要人和外交使节、上百家中外新闻机构以及数十万旅游者前来参加，中央电视台、凤凰卫视、东北三省电视台、山东卫视、湖南卫视、浙江卫视，以及日本、韩国、美国、芬兰、丹麦、法国、英国等海内外新闻机构和国际互联网都争相报道，或直播服装节的盛况。

作为一个巨大的商业载体，大连国际服装节致力于加强与海内外工商界的合作，共求发展。金色的九月，北方明珠大连将备受瞩目，海内外工商企业界及新闻机构将再度云集大连，聚焦大连国际服装节。“有朋自远方来，不亦乐乎”，热情好客的大连人盛邀海内外宾朋届时与大连人民一同共度佳节，共享友谊和发展的欢乐。

二、主办单位

中国国际贸易促进委员会　　　　凤凰卫视有限公司

中国人民对外友好协会　中国服装集团公司
国家旅游局　中国服装行业协会
人民日报社　中国百货纺织品公司
经济日报社　中国纺织品进出口总公司
香港贸易发展局　中国纺织品进出口商会
华润(集团)有限公司文化部　社会文化司、外联局
中央电视台　中国公共关系协会
中华工商时报社　大连市人民政府

三、第十三届大连国际服装节主要活动

第十三届大连国际服装节开幕式暨大型广场艺术晚会

第十三届大连国际服装节巡游表演暨第十三届中国大连狂欢节

2001 大连世界名师名牌时装展演会

2001 大连世界名师名牌论坛

2001“大连杯”中国青年时装设计大赛

第七届国际服饰文化理论研讨会

第十三届大连国际服装节游园会

亚洲超级模特大赛

第十三届大连国际服装节闭幕式暨综艺晚会

四、赞助商宣传回报方案

赞助商志愿赞助大连国际服装节人民币 500 万元,赞助商权益与回报如下。

1. 新闻媒体及其他

授予“大连国际服装节赞助商”并作为协办单位。

由服装节组委会举办新闻发布会及赞助仪式,邀请市领导及新闻媒体、赞助商出席并颁发荣誉证书和牌匾。

对赞助商进行专题采访,并在大连电视台进行播放。

服装节开幕当日,在《大连日报》《大连晚报》《新商报》《半岛晨报》等市内各大报刊,为赞助商刊登专题版广告。

在服装节开幕式电视台现场直播后字幕鸣谢中体现赞助商(开幕式当日,东

北三省电视台、山东省电视台、香港凤凰卫视现场直播，中央电视台一、二、四套节目同一期间录播）。

在服装节网页上刊登赞助商广告。

允许赞助商使用“大连国际服装节赞助商”的名义进行自我宣传。

赞助商产品可使用“大连国际服装节赞助商”的字样以及服装节节徽。

邀请四名赞助商代表出席服装节开、闭幕式，并作为主席台特邀嘉宾。

组委会在国内外新闻媒体上登载，播发广告中体现赞助商名称。

在服装节开幕式前体育场大屏幕体现赞助商广告。

在服装节期间十项活动主要场所，体现赞助商名称。

服装节后在《大连日报》上作为特殊贡献单位刊登联名致谢广告一次，并授予锦旗。

回赠服装节录像带、画册、纪念品及活动门票。

2. 印刷品广告

在本届服装节简介画册刊登专版广告，在出国招商、会见贵宾以及服装节期间广泛发放。

为赞助商印制招贴画，服装节期间在市内机场、火车站、港口、公交车上以及各大宾馆、商场张贴。

为赞助商印刷宣传单，通过服装节宣传日在市内各大商场进行发放。

在服装节光盘包装封面及内容里体现赞助商名称，用于国内外招商、会见贵宾以及服装节期间广泛发放。

制作手提袋1万个，一侧印赞助商广告，用于服装节期间发放资料及纪念品。

各种服装节期间工作证件、车证印有赞助商标志。

3. 户外广告

在人民路为赞助商制作步道旗188面，展示时间15天，规格1.5 m×0.5 m。

在中山广场为赞助商制作并施放彩色飘空气球10个，展示时间15天，气球直径2.7 m，悬挂标语规格12 m×0.75 m。

在中山广场为赞助商制作彩虹门4个，展示时间15天，气球跨度（直径）12 m。

在奥林匹克广场为赞助商制作彩虹门10个，气球20个，展示时间15天，彩虹门跨度（直径）12 m。

在奥林匹克广场为赞助商制作步道广告旗200面，展示时间15天，规格1.65 m×0.65 m。

在体育场正门入口处，为赞助商制作标语广告2幅（400米^2/幅），体现"××企业祝服装节圆满成功"字样。

在服装节开幕式广场艺术晚会现场为赞助商制作看板广告两块，规格6 m×1.2 m。

为赞助商制作动力伞2个，用于服装节开幕式表演（现场观众3场，18万人）和用于狂欢节现场表演（现场观众30万人）。

为赞助商制作地毯路面广告，在体育场周边、奥林匹克广场展示，规格0.9 m×200 m。

赞助商对广告宣传有特殊要求，可再协商，组委会可根据要求特别策划。

【思考与练习】

1. 公共关系策划方案的构成要素有哪些？
2. 如何制定媒介传播策略？
3. 如何进行公共关系活动经费预算？
4. 公共关系活动的效果预测与评估从哪些方面入手？
5. 公共关系活动方式有哪些？
6. 如何写邀请函、招商简介？

第六章 庆典活动与商务礼仪

庆典活动是组织利用自身或社会环境中的有关重大事件、纪念日、节日等所举办的各种仪式、庆祝会和纪念活动的总称,包括节庆活动、纪念活动、典礼仪式和其他活动。通过庆典活动,可以渲染气氛,强化组织的影响力;也可以广交朋友,广结良缘;成功的庆典活动还可能具有较高的新闻价值,从而进一步提高组织的知名度和美誉度。

1944 年,西班牙南部布洛镇西红柿丰收,但因战乱而卖不出去,于是村民将西红柿作为玩具,相互投掷取乐。后来,逐渐成为当地的特色节日。每年 8 月,都会引来大量游客观看和参观,成为人们发泄情绪的最佳方法。地方政府将之定为"西红柿节",开展庞大的旅游庆典活动。

第一节 庆典活动

一、庆典活动的意义和作用

1. 庆典活动的意义

(1)增强组织内部的凝聚力。组织举办的庆典活动能够体现组织成员的主体意识和主人翁责任感,在共同参与庆典活动的过程中,组织成员常常带着愉快的情绪进行彼此之间的沟通和交流,消除隔阂,创造和谐的气氛。

(2)树立组织良好形象,组织庆典活动一般都邀请各界公众代表同乐,通过各种联欢、座谈、宴请等交往活动宣传组织形象,增进公众对组织的了解,在公众心目中树立起良好的组织形象。

(3)创造宣传机会,吸引新闻界免费为组织进行报道。组织庆典活动,邀请知名人士和记者参加,以引起舆论界的关注和报道,借以扩大组织的知名度和影响力。

2. 庆典活动的作用

庆典活动可引起三大效应。

(1)引力效应

引力效应指组织通过庆典活动吸引公众的注意力。1999 年,被联合国教科文组织列为自然与文化遗产的中国山东泰山,在千年之际代表中国参加全球千年庆典直播。泰山千年庆典组委会进行了充分的准备和广泛的宣传,中央电视台进驻泰山极顶筹备现场直播事宜。2000 年 1 月 1 日 6 时 50 分至 7 时 30 分,全球直播进入状态。全球 130 多个国家,1 000多家卫星电视台,1 万多座城市接收卫星信号,4 万多台电视摄像机同时开镜,且连续 24 小时全球滚动播出。这是世界电视发展史上覆盖面最大、收视率最高、具有轰动性的一次全球性电视直播活动。

(2)实力效应

实力效应指通过举办大型庆典,显示组织强大的实力,以增加公众对组织的信任感。2015 年 11 月,为扭转首次公开募股(IPO)规模创下纪录后市值大幅度流失,中国电商巨头阿里巴巴将一年一度的双十一“盛事”搬到了首都北京的水立方,请来了美国偶像 Adam Lambert 助兴。从杭州总部转战中国权力中心,展现了阿里巴巴的扩张野心,力图渗入竞争对手京东驻扎的华北地区,同时响应政府发展科技的号召。此举具有明显的象征性,因为它显示了挺进首都的阿里巴巴是中国无可争辩的电商领袖。政治上来说,也间接暗示了全国龙头企业阿里巴巴与政府的关系更加密切,更紧贴政府的战略利益。

(3)合力效应

开展大型庆典,能增强组织内部职工、股东的向心力和凝聚力,提高公众对组织的信任感。购买放心商品,喜欢到大型商店,原因是大型商店实力雄厚,图一个放心。同样,实力强大的组织,也能给自己的职工带来信任感,提高员工的向心力和凝聚力。

二、庆典活动的主要类型

1. 节庆活动

节庆是利用盛大节日或共同的喜事而举行的表示快乐或纪念的庆祝活动。不同国家甚至同一国家不同地区,都有自己独特的节日。节日又有官方节日和民间传统节日之分。常见的官方节日有元旦、妇女节、消费者权益保护日、国际劳动节、儿童节、国庆节、圣诞节、感恩节、复活节等，我国民间传统节日有春节、元宵节、清明节、端午节、中秋节等。还有些地方根据自身文化传统、风俗习惯、土特产等，组织举办一些具有地方特色的节庆活动，如北京地坛庙会、湖南的龙舟节、山东潍坊风筝节等。

节庆日是公共关系部门特别是酒店、宾馆等接待服务单位开展公共关系活动的绝好时机。所以，每年6月1日前后，大小商店都会在儿童商品上绞尽脑汁；中秋节前，则会爆发一轮又一轮的月饼大战；“五一”和“十一”长假前夕，旅游胜地和饭店就会大张旗鼓地宣传和推介其优质的特色服务。

2. 纪念活动

纪念活动是利用社会上或本行业、本组织的具有纪念意义的日期而开展的公关活动。可供组织举办纪念活动的日期和时间有很多，如历史上的重要事件发生纪念日、本行业重大事件纪念日、社会名流和著名人士的诞辰或逝世纪念日；而本组织的周年纪念日、逢五逢十的纪念日及重大成就的纪念日，更是举办纪念活动的绝好时机。通过举办这样的活动，可以传播组织的经营理念、经营哲学和价值观念，使社会公众了解、熟悉进而支持本组织。

3. 典礼仪式

典礼仪式包括各种典礼和仪式活动，如开幕典礼、开业典礼、项目竣工典礼、毕业典礼、颁奖典礼、就职仪式、授勋仪式、签字仪式、捐赠仪式等。在实际工作中，典礼仪式的形式多样，并无统一模式。有的仪式非常简单，如某个企业办公楼的开工典礼，放一挂鞭炮，企业老总喊一声“开工”，仪式便宣告结束；有的仪式非常隆重、庄严，如英国女王登基、国外皇室婚礼及葬礼等，甚至还有一套严格的程序。

三、庆典活动的组织程序

1. 庆典策划

确定来宾及发放请柬。来宾组成一般包括知名人士、新闻记者、社区公众代表、客户代表或特殊人物等。总之，来宾要具有一定的代表性。请柬应提前7~10天发放。重要来宾请柬发放后，组织者当天应电话致意，并在庆典前一天再电话联系确认。

2. 设计庆典活动程序

(1)场地

按策划方案布置庆典活动现场，庆典活动开始前，检查人员、设备落实情况，并做好现场秩序维护工作。

(2)迎宾

接待人员现场迎接来宾，请其签到，引导其到座位上就座。若不设座位，则告诉来宾其所在的具体位置。

(3)开始

主持人宣布仪式正式开始，全体起立（不设座位应立正），奏乐，介绍各位来宾。

(4)致贺

按顺序介绍来宾，并由组织的重要领导或来宾代表先后致贺词，以表达本单位的良好祝愿。若有贺电、贺信，应现场公告单位名称和个人身份。

(5)致谢

由庆典负责人向来宾致谢，在场全体人员在音乐声中热烈鼓掌祝贺同庆。结束后如有必要可安排来宾领取纪念品（也可在迎宾时发放），安排来宾参观、座谈、就餐或观看文艺节目等活动，并邀请重要来宾留言或提字。

3. 落实致辞人和剪彩人

致辞人和剪彩人分己方和客方。己方为组织最高负责人，客方为德高望重、社会地位较高的知名人士。选择致辞人和剪彩人应征得本人同意。

4. 编写宣传材料和新闻通讯材料

列出庆典主题、背景、活动内容等相关材料，将材料装在特制的包装袋内发给来宾。对记者，还应在其材料中添加较详细的资料，以方便记者写作新闻稿件。

5. 庆典活动的接待工作

对所有来宾，都应热情接待，耐心服务。对重要来宾，要由组织领导亲自接待；他们的签到、留言、食、宿均应由专人负责。

第二节 庆典礼仪

举行庆典活动有助于塑造组织良好形象，提高组织的知名度与美誉度；也有助于扩大组织的社会影响，吸引社会各界的重视与关心；它有助于让支持过自己的社会各界与自己一同分享成功的喜悦，为日后的进一步合作奠定良好的基础；有助于增强组织成员的自豪感与责任心，从而为自己创造出一个良好的开端，增强组织的凝聚力。

庆典活动所用的时间不长，但事关重大，所以对典礼活动的程序及人员要求都很严格。

一、主办方礼仪

对于庆典活动的组织者来说，整个仪式过程都是礼待宾客的过程，每个人的仪容、仪表都很重要，就如我们在前面提到的，要注意到每一个细节。此外，还有几项要特别注意的要求。

1. 仪容要整洁

参加仪式的人员，应做适当修饰。男士应理发剃须，女士应适当化妆。

2. 着装要规范

有条件的单位最好穿统一的服装。没有条件的，应要求每个人穿着正式的服装。

3. 准备要充分

请柬要及时发放，不能有遗漏。席位安排要符合礼仪规范，一般来说，按照身份与职务的高低确定主席台座次和贵宾席位。迎宾车辆要清洁，并做好提前检测，保证安全运行。迎宾人员要提前培训。

4. 要遵守时间

工作人员应严格遵守时间，不得无故缺席，并自始至终参加仪式，不可中途退场。仪式应准时开始，按时结束，不要拖延，以免让人觉得言而无信。如果嘉宾中主要人员晚到片刻，出于礼貌应稍等(当然来宾自己不应迟到)。

5. 态度要友好

开业庆典的特点是喜庆气氛的营造。所以，组办方的每位参与者都要热情友好，为庆典铺垫良好气氛的基础。迎接嘉宾到场之后，仍应保持主动、热情，不要公式化地迎宾后就冷落客人；还可介绍来宾相互认识。来宾致贺词后，应主动鼓掌表示感谢。

6. 行为要自律

庆典仪式的每一环节，都应慎重认真，不可在仪式开始后东张西望、垂头丧气、嬉戏打闹、反复看表，表现出敷衍了事、心不在焉等一副不负责任的样子，这样会给来宾造成极为不好的印象。

二、宾客礼仪

1. 要修饰仪容

来宾要修饰仪容，注意着装，特别是上级领导切不可因分管之故，大大咧咧，吆三喝四，随随便便。

2. 要准时到场

来宾要准时参加开业典礼，为主办方捧场。一般来说，来宾可提前半小时左右到场，过早或过迟，对于主办单位而言，都会造成不便，如遇特殊情况无法到场，应尽早通知主办方作好变动准备。

3. 要备上贺礼

宾客应在开业典礼前或开业典礼时送上贺礼（如花篮、牌匾、楹联或实物礼品等），以示祝贺之意，并在贺礼上写明庆贺对象、庆贺原由、贺词及祝贺单位。

4. 态度要友好

宾主相见，来宾应主动对主人表示恭贺，并说祝顺利、发财、兴旺的吉利话。入座后应礼貌地与邻座打招呼，通过自我介绍、互换名片等方式相互结识，交流攀谈。不应只顾和主办单位人员讲话，无视别人的存在。

5. 讲话要到位

在典礼上祝贺词时，应简短精练，不能随意发挥，拖延时间。而且要表现得冷静沉着、心平气和，注意文明用语。

6. 行为要自律

在典礼的进行过程中，宾客要做一些礼节性的附和。在主人讲话时，应表示赞同、点头，认真听讲中不时鼓掌。跟随其他来宾参观、写留言等。不可无休止地和左右讲话，或闭目养神等，更不可剔牙、搓手、长时间地接打手机等。

7. 离别要告辞

仪式结束后，宾客应起立离座，与主办单位领导、主持人、工作人员等握手话别，并致谢意，或听从主办单位的安排。不可迫不及待地表现要离开（特殊情况除外，但要说明），也不可悄悄地不辞而别。

三、注意事项

实际上，庆典活动中还有一些细节问题需要注意，下面仅举两例加以说明。

1. 国旗悬挂

国旗是一国的标志和象征，人们往往通过悬挂国旗表达对本国的热爱和对他国的尊重。在国际交往中的悬旗惯例，已为各国公认，成为一种重要的礼宾仪式。接待国宾时，通常要在国宾下榻的住所和交通工具上悬挂该国国旗；两国国旗并挂，以旗本身面向为准，右挂客方旗，左挂本国旗；车上挂旗，则以车辆行驶方向为准，司机左方为主方，右方为客方。在国际会议会场也要悬挂与会各国国旗。悬挂国旗的一般规定是日出升旗，日落降旗；悬挂双方国旗，左为下，右为上；升旗时，服装整洁，立正，脱帽，行注目礼。如遇外国元首或政府首脑逝世，一般在特定建筑物上降半旗致哀，通常的做法是先将旗升至杆顶，再下降至离杆顶三分之一的地方。

2. 签字仪式

签字是一种常见仪式，作为组织中负责对外交往和礼宾的公关人员，应当熟悉签字仪式的程序。签字时，双方签字人的身份应大体相同。安排签字及签字仪式是一项细致的工作。

首先，要做好文本的定稿、翻译、校对、印刷、装订、盖火漆印等工作；其次，准备好签字用的文具、国旗等物品；最后，与对方商定签字人员及参加签字仪式的人员，原则上是双方参加会谈的人员出席，或者是为表示重视，安排较高级别的领导人出席签字仪式。签字后，由双方签字人员互换文本，相互握手，有时还备有香槟酒，以示庆贺。

【案例十】

IBM 公司的“金环庆典”活动

美国 IBM 公司每年都要举行一次规模隆重的庆功会，对那些在一年中做出过突出贡献的销售人员进行表彰。这种活动常常是在风光旖旎的地方，如百慕大或马霍卡岛等地进行。对 3% 的做出了突出贡献的人所进行的表彰，被称作“金环庆典”。在庆典中，IBM 公司的最高层管理人员始终在场，并主持盛大、庄重的颁奖酒宴，然后放映由公司自己制作的表现那些做出了突出贡献的销售人员工作情况、家庭生活，乃至业余爱好的影片。在被邀请参加庆典的人中，不仅有股东代表、工人代表、社会名流，还有那些做出了突出贡献的销售人员的家属和亲友。整个庆典活动，自始至终都被录制成电视或电影片，然后被拿到 IBM 公司的每一个单位去放映。

【思考题】 “金环庆典”活动的意义及可借鉴之处有哪些？

【案例十一】

某公司举行新项目开工剪彩仪式，请来张市长和当地各界名流参加，请他们坐在主席台上。仪式开始时，主持人宣布：“请张市长下台剪彩！”却见张市长端坐没动；主持人很奇怪，重复了一遍：“请张市长下台剪彩！”张市长还是端坐没动，脸上还露出一丝恼怒。主持人又宣布了一遍：“请张市长剪彩！”张市长才很不情愿地勉强起来去剪彩。

【思考题】 请指出本案例中的失礼之处。

第七章　赞助活动与商务礼仪

一般情况下，人们往往将赞助活动简称为赞助。所谓赞助，通常是指某一组织或个人拿出自己的钱财、物品，来对其他组织或个人进行帮助和支持。在现代社会中，赞助乃是社会慈善事业的重要组成部分之一。它不仅可以扶危济贫，向社会奉献自己的爱心，体现出自己对于社会的高度责任感，以实际行动报效于社会、报效于人民，而且也有助于获得社会对组织的好感，提高组织在社会上的知名度、美誉度，为组织塑造良好的公众形象。对于商界而言，积极地、力所能及地参与赞助活动，本身就是自己进行商务活动的一种常规的形式，而且也是自己协调本机构与政府、社会各界的公共关系的一种重要手段。

第一节　赞助活动

一、赞助活动的意义和作用

赞助活动是一种重要的综合运用多种传播手段树立本组织社会形象的公共关系活动。它是公共关系专题活动的另一种常见形式。可以说，几乎所有著名的社会大机构都与成功的赞助分不开，例如，日本电气公司通过赞助世界戴维斯杯网球赛、广东健力宝集团有限公司通过赞助中国体育代表团、浙江淑江市东港公司通过设立“赞助博士生基金”而知名。此类事例，不胜枚举。赞助成了社会组织机构提高社会知名度和美誉度的有效方式之一。不少大型社会活动甚至完全依赖社会捐赠而开展。1984 年洛杉矶奥运会，完全靠赞助使大会获得空前成功。这是历史上第一个由民间筹资举办的世界奥林匹克运动会，不少公司为了争得为奥运会赞助的机会，曾展开了一场激烈的竞争，赞助的筹码越加越大。

1. 赞助活动的意义

(1)有助于增强广告的说服力和影响力

国内外各种大型比赛场地、场馆通常都有巨形广告条幅、标语、画面，上面标明赞助组织的名称或产品商标。例如，四年一度的奥运会是举世瞩目的体坛盛会，收看电视转播的公众遍及世界各地。运动员穿上赞助公司生产的运动服、运动鞋,使用上赞助公司生产的运动器材,则等于做了一场全球范围的推销广告,其影响力和说服力是其他任何形式的广告无法相比的。

(2)有助于树立企业关心社会公益事业的良好形象

赞助能够给公众留下企业关心社会公益事业的良好形象。如不少企业向儿童福利基金会、残疾人福利基金会、“希望工程”等组织机构捐赠钱物,使公众看到赞助者积极参与社会生活、承担社会责任、做社会公民的优点,使公众对企业产生良好印象。

(3)有利于提高组织的社会知名度和整体地位

如果组织率先发起某种赞助活动,还会间接地给组织做“创意广告”,使人们感到该组织具有一定的“领头”作用或社会号召力,也能显示组织的社会活动和组织管理能力。大型赞助常是新闻媒介和社会公众关心的热点,这无疑会使人们将组织的名字永远铭记在心。

(4)有助于提高产品的销售和企业的经济效益

通过赞助活动可以提高企业的知名度和影响力,可以加深与各类公众之间的感情,无疑也会给消费者留下深刻印象,从而大大有利于推销组织的产品或服务。例如,日本电气公司在1983年赞助世界戴维斯网球赛之前,其电子产品年销售率仅为10%左右,而赞助后的1985年就上升30%,可见赞助对促销有极大的作用。赞助既可以为组织赢得社会形象,又能带来巨大的经济效益,因此,颇为企业所重视。

2. 赞助活动的作用

(1)增强组织内部凝聚力

赞助活动无论是对于组织内部的雇员和其他协作者,还是对于外部的消费者来说,都具有重要的利益关系。由于雇员和其他协作者为自己能参与赞助活动而感到自豪,并且由于赞助与他们自身的生活方式和价值观之间的联系,他们通常能获得情感上的收益。有一项调查研究试图发现赞助对雇员有何影响。爱尔兰银行曾经想了解公司两家旗舰店的赞助活动对其全体职员的影响,分别是爱尔兰银行 Gaelic 足球锦标赛和爱尔兰银行舞会(一次现场直播的古典音乐会)。尽管这些赞助活动主要是面向银行客户的,仍然有超过80%的雇员——从高层管理人员到银行的普通职员——表明为银行赞助体育事业而感到自豪;75%的人表明为银行对艺术的赞助而自豪。使雇员参与到活动中有可能产生这些情感上的收益。

(2)提供消费者体验

亲身体验活动是增进消费者与组织机构之间联系的绝好机会。如果让消费者体验活动,特别是当该项活动具有一定威望的时候,企业就可以向他们充分展示品牌及其组织机构。另外,它还为奖励重要的客户提供了既可行又独特的方法。假设某项活动的赞助已经结束,但奖励机制却可以一年年地持续下去,这样就刺激了消费者巩固与企业之间的关系。除此之外,这项活动还可以在轻松的环境下与重要客户进行互动,如果没有这项活动作为背景,这一目标是不容易实现的。

(3)推介新产品和新技术

赞助活动是一种市场传播的技巧,赞助可以用来扩大某一现有的产品市场,或向与企业密切相关的公众介绍一种新产品,或推出一项新技术。介绍新产品或新技术最有效的方法就是依靠宣传。与广告相比,赞助不仅在经济上更划算,而且可信度更高。赞助是提高新产品或新技术的新闻价值的必要手段,能使新闻报道产生一定的效果。即使难以借助新闻报道来进行宣传,赞助活动仍然可以提供良好的氛围使新产品、新技术的推广介绍变得更为生动、有趣。此外,新产品或新技术的经常出现也可以加强品牌与活动之间的联系。

M&M's 公司在纽约市的马拉松比赛期间推出一种新产品。这种大张旗鼓介绍新产品与纽约市的重要赛事联系起来的理念十分前卫,也因此产生了显著的宣传效果,包括对该项赛事的电视报道都对此大作宣扬。

重要的赛事还可以用来展示某些技术,这些技术可体现出一个组织化品牌的关键联想。例如,松下公司于 1996 年亚特兰大奥运会期间在美国一体育场内举办了一次最大规模的影像产品展示会。《体育画报》(*Sports Illustrated*)杂志首次运用新的印刷及摄影技术,印制并发行了奥运会期间的每日特刊。同样也是在亚特兰大奥运会期间,摩托罗拉公司提供了专门为体育比赛而建立的最大的数字通信网络,而 Sprint 公司通过在比赛期间为国家橄榄球联盟(NFL)教练们提供印有公司标志的耳机这一措施,向人们展示了该公司的语音技术。

(4)快速占领市场

赞助是一种巧妙的投资方式,它能在做好事的同时迅速、准确地占领市场。大量事例表明由于赞助活动的开展,公众的品牌意识会大幅度地增强,特别是当品牌借助其他营销活动来加强赞助活动效果的时候。例如,一家以前没什么名气的公司发现在他们赞助某支足球队后,观看该队比赛的观众(占 53%)与那些观看其他队比赛的观众(占 22%)对品牌的熟悉度都很高。

20 世纪 80 年代中期发生在印度的一则典型的事例表明赞助活动可以影响市场占有率。印度三大服装公司中的一家,MRF 将其 3 年的广告预算全部转为投资赞助体育比赛(为此制作了一些有关体育赛事及比赛与 MRF 品牌之间联系的广告);而在此期间,该公司的竞争对手(Ceat 和 Dunlop)均保持其传统的广告策略。具有 MRF 公司这种前卫思想意识的人在 4 年时间里由 4% 增长至 7%、20% 直到 22%,而对该公司的品牌知名度由 39% 增加到 72%、70% 直至 76%。显然,在开始的几年里,品牌知名度得到了极大增强,随着时间的推移,该品牌不仅没有衰败,事实上已发展到了更高的水平。

二、赞助活动的主要类型

根据赞助项目不同,赞助活动可以划分为以下主要类型。

1. 赞助体育活动

赞助体育活动是指对各类体育比赛活动的赞助。体育比赛是当今的社会热点之一,对其进行赞助,是企业赞助中最常见的一种形式。随着人民生活水平的提高,人们对体育活动越来越感兴趣,越来越关心体育运动的各种比赛新闻。企业通过对体育运动的赞助,可以增强对公众施加影响的广度和深度。赞助体育运动,一般都出于增强广告效果,扩大与体育有关的许多产品的销路的目的。

2. 赞助文化生活

赞助文化生活是对文化事业的赞助。它有助于促进我国的社会主义精神文明建设,用高尚的精神去鼓舞人民,教育人民,提高文化修养与精神境界。对电影、电视、文艺演出、知识竞赛等文化生活方面的赞助,不仅可以培养公众的良好感情,又可以提高企业的社会效益和知名度。例如,几乎所有播映的电视连续剧片尾都有长长的赞助机构名单,这些单位通过赞助电视连续剧扩大了组织的知名度。

3. 赞助教育事业

赞助教育事业是指对教育界的赞助。它可以给予教育界以有力的支持,并且为本单位日后的进一步发展培养必不可少的广大后备人才。这种类型的赞助活动,既对教育事业的发展起积极促进作用,又为企业树立了关心公益事业的良好公共关系形象,是一举两得的好事。其形式多种多样，如赞助学校教学设施，设立奖学金、基金会，捐赠图书资料，投资办学，合作进行科研等。赞助者在这些善举中都巧妙地留下名来。著名实业家包玉刚、陈经纶、邵逸夫等都在内地各类学校捐款修建了以其名字命名的图书馆、游泳馆，并提供了奖学金等。

4. 赞助慈善事业

赞助慈善事业是指对社会慈善福利组织或慈善福利活动的赞助。这是企业和社区、政府搞好关系的重要途径，如赞助幼儿园、敬老院、社会救济、残疾人、慈善组织等。这种类型的赞助既向社会表明企业所承担的责任和义务，也体现出组织的高尚品质，很容易博得公众的好感。

社会组织进行赞助活动的形式是多种多样的，如赞助各类出版物、各种竞赛、各种庆典、各种宣传用品，各种学术理论活动、各种奖励基金等社会公益活动。社会组织的公共关系人员应善于选择和创新，设计出别具一格的赞助形式，使本组织获得最佳的信誉投资效果，提高组织的知名度与社会效益，建立起良好的公共关系。

三、赞助活动的组织程序

1. 前期调研

在正常情况下，一次赞助活动往往发端于两种情景。其一，是某一商界单位主动向其他单位、组织或个人提出赞助。其二，是某一商界单位接到其他单位、组织或个人的赞助请求后，经过研究，再酌情给予对方一定程度的赞助。在实际生活里后一种情景往往更加多见。不论是主动还是被动，都要进行赞助项目的前期研究和分析。

首先，要看所赞助的活动是否具有积极的社会意义和广泛的社会影响；其次，要从社会组织的经营政策入手，分析公共关系的政策和目标，是否能通过社会公益活动，达到树立企业良好形象、扩大社会影响力、显示爱心、提高社会组织知名度与美誉度的目的；最后，要制订出具体的实施计划，以保证组织受益和社会受益。特别要注意组织的各项赞助应统一，不要偏离整体赞助主体太远。

在就某次赞助活动时行研究、论证时，赞助机构必须充分明确下列四点：一是它必须符合我国的宪法和法律，绝对不允许从事违法乱纪活动；二是它必须与本机构的经营策略、公共关系目标相适应，而不是与其背道而驰；三是它必须真正有利于受赞助者，同时也有利于整个社会；四是它必须是本机构力所能及之事，至少也不应当半途而废，甚至劳而无功。

2. 制订计划

在调查研究的基础上，由赞助机构有关部门根据组织的赞助方向和政策，着手制订详尽的赞助计划，以确保其成功。赞助的计划实际上是前期研究、论证的成果的具体化。一般来讲，负责制订赞助计划的部门主要是公关部，在某些情况下，办公室、财务部亦应介入此事。制订计划核心要点是：赞助活动必须同本单位的经营策略、公共关系目标相一致，赞助活动的终极目标应当是赞助机构、受赞助者和社会三方同时受益。赞助政策的制定、赞助方向的选择，均应以此作为指南。

大致来看，赞助的计划又可分为以下两大类：一类是年度性的赞助计划。赞助是组织商务活动的主要形式之一，因此必须将其列入自己的议事日程，最好每年正式制订一次本单位的全年度赞助计划。这种做法的好处是，本机构的赞助活动可能规范有序、有的放矢，同时也可以从宏观上控制赞助活动的规模，避免使之超出自己所能承受的程度，甚至由此而产生毫无意义的浪费或损耗。另一类则是临时性的赞助计划，它主要是针对临时性、突发性的事件所制订的赞助计划。制订此类计划，仍然必须坚持深入进行调查研究，并且不得有悖于本单位的大政方针。从根本上讲，它只能算是对上一类计划的补充。

3. 审核评定

赞助计划编制就绪以后，还要听取各方面的意见，进行可行性研究，广泛搜集社会公众的舆论反应以及有关专家的意见。在此基础上，对赞助计划进行逐项审核评定，这包括确定可行性、赞助的具体方式和款项以及赞助的时机，以便制定此项赞助的具体实施方案。

在具体对赞助项目进行审查核定时，重点如下：①赞助项目是否符合本单位的经营策略与公共关系目标；②受赞助者的口碑如何；③赞助能否真正取得成功；④赞助的具体方式是不是合适；⑤赞助机构的承受力如何；⑥赞助的时机是否得当；⑦赞助将会产生多大的社会作用；⑧社会舆论与社会公众将会如何评价此次赞助活动；⑨进行赞助之后对本单位会有多大的积极作用；⑩此次进行赞助会给本单位造成多大的负面影响。经过综合审核之后，假定赞助项目得大于失，即可将其付诸实施。假如赞助项目失大于得，尤其是其毫无任何社会效益可言时，则应当坚决让其下马。

4. 承诺兑现

计划方案经过科学论证、审核评定以后，接着就是具体实施，应派出专门公共关系人员负责各项赞助实施方案的具体落实。在实施过程中，赞助机构有以下四件事必须要引起注意：①必须有约在先。为了确保赞助活动取得成功，并且防止其发生种种变故，一般而言，凡重大的赞助活动在正式实施以前，赞助机构与受赞助者双方均应正式签订赞助合同或赞助协议，并且经公证机关进行公证。这样一来，双方各自承担的权利与义务便被正式规定下来。任何一方如有违反，便可被依约追究其法律责任。②必须审慎行事。在赞助的实施过程中，赞助机构必须处处审慎而行，既要认真履约，又要争取社会的理解与被赞助者的支持。对于受赞助者一定要平等相待。不要为此而以“救世主”自居，时时趾高气扬，处处讨价还价，因而令对方产生逆反心理，好心办了坏事。必须明确的是，赞助绝非一种单方面的赏赐。在赞助活动中，双方往往都是有利可图的。③必须扩大影响。在可能的情况下，赞助机构在实施赞助计划的过程中，不仅要求得到社会各界的理解与支持，而且还要善于巧借良机，利用各种传播媒介，在法律、法规允许的前提下，对自己进行适度的宣传，以求扩大本单位的社会影响力，提高自己的知名度与美誉度。不过在宣传时必须讲究技巧，切勿自吹自擂，令人生厌。④必须严守承诺。进行赞助时，赞助机构务必要言而有信，兑现承诺，在指定的时间内，将自己拟赞助的财物如数全部到位。不论发生了什么情况，都不允许赞助机构拖延时间，取消赞助。削减数额、以次充好、以假充真、以物抵款等作法，也是不允许的。赞助机构如果真的那么作了，不但是一种单位方面的毁约行为，而且还表明自己原先的承诺仅仅是为了沽名钓誉。

5. 检测效果

赞助活动完成后，尤其是在整个一项赞助活动告一段落之后，赞助单位有必要对其进行一次认真而系统的评估。对赞助活动所进行的评估，实际上主要是指在对赞助活动进行综合分析和系统总结之后，对其社会效果所进行的科学评价与分析。

进行赞助活动的评估工作，大致上要抓住如下四个方面的重点问题：①要将实施效果与先期计划相比照。重点研究一下赞助单位是否真正实现了自己的赞助意图，赞助活动的预定目标是否业已达到。②要掌握社会各界对赞助活动的认同程度。可通过各类调查，了解各类公众，包括受赞助单位、地方政府、新闻媒介对此次活动的真实评价与看法。③要及时发现赞助活动的所长与所短。要认真总结赞助活动因何而成功，或者因何而受挫。对于己方与其他各方的问题，都不应当讳疾忌医。④要了解赞助活动在实施过程中所出现的问题。不管这些问题是否已在意料之中，原因在于何方，均应被认真看待，并引起重视。

将检测效果写成文字材料存档，作为以后赞助活动的参考资料。

第二节　赞助会礼仪

在赞助活动正式实施之际，往往需要正式举行一次聚会，将有关的事宜公告于社会。这种以赞助为主题的赞助会，在赞助活动中，尤其是大型的赞助中，大都必不可少。有时，人们亦称之为赞助仪式。它主要是为了向全社会公告赞助活动正式启动，是赞助活动中作用巨大的一项重要环节。

一、会场布置

根据商务礼仪的规范，赞助会通常应由受赞助者出面承办，而由赞助单位给予其适当的支持。赞助会的举行地点一般可选择受赞助者所在单位的会议厅，亦可由其出面，租用社会上的会议厅。用以举行赞助会的会议厅，除了面积的大小必须与出席者的人数成比例之外，还需打扫干净，并且略加装饰。举行赞助会的会议厅之内，灯光应当亮度适宜。在主席台的正上方，或是面对会议厅正门之处的墙壁上，还需悬挂一条大红横幅。在其上面，应以金色或黑色的楷书书写着“某某单位赞助某某项目大会”，或者“某某赞助仪式”的字样。前一种写法，意在突出赞助单位；后一种写法，则主要是为了强调接受赞助的具体项目。

一般来讲，赞助会的会场不宜布置得过度豪华张扬。

二、会议议程

赞助会的具体会议过程，大致上有如下六项。

1. 宣布赞助会正式开始

赞助会的主持人，一般应由受赞助单位的负责人或公关人员担任。在宣布正式开会前，主持人应恭请全体与会者各就各位，保持肃静，并且邀请贵宾到主席台上就座。

2. 奏国歌

此前，全体与会者须一致起立。在奏国歌之后，还可奏本单位标志性歌曲。有时，奏国歌、奏本单位标志性歌曲，可改为唱国歌、唱本单位标志性歌曲。

3. 赞助单位正式实施赞助

其具体作法通常是赞助单位的代表首先出场，口头上宣布赞助的具体方式或具体数额。随后，受赞助单位的代表上场，双方热情握手。接下来，由赞助单位的代表正式将标有一定金额的巨型支票或实物清单双手捧交给受赞助单位的代表。必要时，礼仪小姐应为双方提供帮助，若赞助的物资质量、体积不大时，亦可由双方在此刻当面交接。在此过程之中，全体与会者应热情鼓掌。

4. 赞助单位代表发言

发言内容重在阐述赞助的目的与动机。与此同时，还可以对本单位的简况略作介绍。

5. 受赞助单位代表发言

此刻的发言者，一般应为受赞助单位的主要负责人或主要受赞助者。其发言的中心应当集中在对赞助单位的感谢方面。

6. 来宾代表发言

根据惯例，可邀请政府有关部门的负责人讲话。他的讲话，主要是肯定赞助单位的义举，同时亦可呼吁全社会积极倡导这种互助友爱的美德。该项议程有时亦可略去。至此，赞助会即可宣告结束。

在赞助会正式结束后，赞助单位、受赞助单位双方的主要代表以及会议的主要来宾，通常应当合影留念。此后，宾主双方可稍事晤谈，然后来宾即应一一告辞。在一般情况下，赞助会结束后，东道主大都不为来宾安排膳食。如确有必要，则至多略备便餐，而绝对不宜设宴待客。在极个别的情况下，赞助会亦可由赞助单位操办。由赞助单位所操作的赞助会，其会务工作与以上所述基本相仿。

三、参会人员

参加赞助会的人士，既要有充分的代表性，又不必在数量上过多。除了赞助单位、受赞助者双方的主要负责人及员工代表之外，赞助会应当重点邀请政府代表、社区代表、群众代表以及新闻界人士参加。在邀请新闻界人士时，特别要注意邀请那些在全国或当地具有较大影响力的电视、报纸、广播等媒体人员与会。所有参与赞助会的各界人士，在与会之时，皆须身着正装，修饰仪表，并且检点个人的举止动作。赞助会的整体风格是庄严而神圣的，因此任何与会者都不能与之唱反调。依照常规，一次赞助会的全部时间，不应当长于一个小时。因此赞助会的具体会议过程必须既周密,又紧凑。

【案例十二】

农夫山泉的品牌战略

一、背景

农夫山泉股份有限公司原名浙江千岛湖养生堂饮用水有限公司,成立于1996年9月,2001年6月改制成为股份有限公司。

二、实施品牌战略

农夫山泉何以迅速崛起?关键原因在于农夫山泉正确的品牌战略路线,具体表现为堪称经典的策划和独具一格的传播策略,对此可从以下三方面来分析。

1. 产品差异,营销利剑

1998年,娃哈哈、乐百氏以及其他众多的饮用水品牌大战已是硝烟四起,农夫山泉在这个时候切入市场,如果依靠规模取胜,是不明智的。因为在娃哈哈和乐百氏面前,刚刚问世的农夫山泉显得势单力薄,而且农夫山泉只从千岛湖取水,运输成本高昂。因此,农夫山泉要想异军突起,必须走差异化营销之路。一番酝酿之后,"农夫山泉有点甜"的广告策划出笼,随着"课堂"广告从4月中旬开始在中央电视台播放,"农夫山泉有点甜"的声音飞越千山万水。

"农夫山泉有点甜"的广告播出以后,有人怀疑农夫山泉是不是真的有点甜。其实广告既是一门科学也是一门艺术。"农夫山泉有点甜"并不要求水一定得有点甜,甜水是好水的代名词,正如咖啡味道本来很苦,但雀巢咖啡却说味道好极了说明是好咖啡一样。中文有"甘泉"一词,解释就是甜美的水。农夫山泉的水来自千岛湖,是从很多大山中汇总的泉水,经过千岛湖的自净,完全可以说是甜美的泉水。因而说"农夫山泉有点甜"是实在的,谈不上夸张的。广告语不仅传递了良好的产品品质信息,还诠释了广告是一门艺术的内涵,体现了农夫山泉的差异化营销策略。

随着法国达能公司相继控股娃哈哈和乐百氏,国内两大排名前位的以生产纯净水为主的包装饮用水企业都走上了与外资的合作之路。在雄厚的外来资本面前,农夫山泉开始思考自身的发展方向。农夫山泉意识到,如果继续在纯净水市场上和他们争夺，前景已不容乐观，随时都有可能陷入困境。于是，在1999年4月24日，农夫山泉作出了一个“惊人”之举，宣布全面停产纯净水，只出品天然水。原因是科学实验表明，纯净水对健康无益，而含有矿物质和微量元素的天然水对生命成长有明显促进作用，并播放在天然水和纯净水中种植水仙后得到不同结果的广告。农夫山泉的这一决定可谓掀起水市狂澜，立即激起了全国生产纯净水厂家的公愤，一时间，农夫山泉四面楚歌，疲于应付。

虽然这场水战直到现在也没有定论，舆论褒贬不一，同行耿耿于怀，因为停产纯净水会带来不少的损失，但农夫山泉的决策是正确的，所产生的轰动效应是数百万广告费也难以做到的。农夫山泉这种产品战略差异化，就像“农夫山泉有点甜”的营销差异化一样，再一次让人们知道了自己和别人的不同之处。

2. 搭乘体育营销快车

1998年的“水”竞争已是十分激烈，一个新的品牌，如何在“战火纷飞”中杀出一条“血路”？农夫山泉敏锐地意识到，1998年世界杯足球赛是可以吸引消费者注意力的最重要的体育赛事，如果利用这次世界杯的机会进行广告宣传，就可能在赛事期间让亿万中国球迷知晓农夫山泉，这比平时广告要有效得多。于是，农夫山泉结合中央电视台世界杯赛事节目的安排投放自己的广告，并在体育频道高频率播出，许多足球迷和体育爱好者对农夫山泉留下了深刻的印象。农夫山泉还出巨资赞助世界杯足球赛中央电视台五套演播室，使品牌得以更好的宣传。结果，仅一个月的时间，农夫山泉就成为一个家喻户晓的饮用水品牌，市场占有率从原来的第十几位跃到第三位，被誉为饮用水行业中杀出的一匹“黑马”。

1999年，通过世界杯尝到甜头的农夫山泉认识到体育事件是一种非常好的传播载体。于是，农夫山泉进一步寻找与体育的结合点，要把农夫山泉优异的品质和中国体育成绩最优秀的运动队结合起来。中国的“梦之队”——乒乓球队进入了农夫山泉的视线。1999年春夏之交，中国乒协和中国国家乒乓球队实地考察了农夫山泉的水源和生产基地，选择了农夫山泉为乒乓球“梦之队”的合作伙伴。当时正好是第45届世乒赛在荷兰举行，农夫山泉随着中国乒乓球队的完美表现再一次让人们留下了深刻的印象，提高了知名度，树立了优质饮用水的美好形象。自1999年起，农夫山泉连续4年成为中国乒乓球队的主要赞助商。农夫山泉还全力支持中国奥运代表团出征悉尼奥运会,凭借“天然、健康、安全”的优秀品质成为2000年悉尼奥运会中国代表团训练、比赛专用水。

在和平年代,只有体育竞赛才是最吸引人、最激动人心、最能激发人类情感的注意力经济,人们对这类活动的关注程度和投入的深度要远远高于平时,因而能吸引数量庞大的观众群。农夫山泉利用重大体育赛事来进行传播,其影响力要远远好于平时的广告宣传,特别像世界杯比赛这样的体育活动,其竞技的激烈程度和比赛结果的不确定性,更增强了观众对直播赛事的关注度,大大增加了广告的触及面和展露频率,广告信息能在人们的心智中占据一个有利的位置,并不断巩固。以后很长时间内,当消费者一提到这一事件或活动,马上就会联想到农夫山泉,尤其是农夫山泉朗朗上口的广告语“农夫山泉有点甜”更是让人难忘,这种传播效果正是体育营销的非凡体现。

消费者对产品的需求,包含着更深层次的精神需求。农夫山泉的梦想和中国体育事业的梦想是一致的,那就是金牌和健康。和“更高、更快、更强”的奥林匹克精神联系在一起的农夫山泉,已经不仅仅是水,更是积极、自信、向上乃至团结拼搏的各种体育精神的象征。农夫山泉深深地领悟到了体育竞赛这一无与伦比的人类活动的精神意义以及由此带来的广泛关注,搭乘体育营销快车,与中国体育事业一起成长。

3. 舞动营销公关大旗

2001年农夫山泉股份有限公司与北京奥申委联合主办了“一分钱一个心愿,一分钱一份力量”活动。公司从2001年1月1日至7月31日销售的每一瓶农夫山泉中提取一分钱代表消费者支持北京申奥事业,并请孔令辉、刘璇担任申奥的形象大使。到截止日,农夫山泉的销售量达4亿瓶。2002年3月28日,农夫山泉在北京召开新闻发布会,启动“阳光工程”,继续推出“买一瓶水,捐一分钱”活动,以支持贫困地区的体育教育事业。从4月1日到12月31日,每销售一瓶农夫山泉饮用天然水(550 ml装),公司就代表消费者捐出一分钱用于“阳光工程”,然后汇集所有的钱统一购置基础体育器材捐赠给贫困地区的中、小学。从4月至9月,农夫山泉通过预提销售利润向24个省39个市、县的397所学校捐赠了价值501万元的体育器材。

2002年世界杯，业界以为农夫山泉会继续搭车世界杯快车，在足球效应中再火一把。然而，农夫山泉公司来了一个180°大转弯，没有在电视报纸媒体上投放与世界杯相关的广告，而是舞动营销公关大旗，“投身”公益事业，启动“阳光工程”，并呼吁更多企业和社会力量加入到帮助贫困地区基础体育事业发展的队伍中来。其实，农夫山泉这一招是非常明智的，农夫山泉已经有了相当的知名度，已成为饮用水行业的领导品牌，再去搭乘世界杯快车显然必要性不大。而且由于中国队的参赛，国内观众的情绪波动较大，广告效果可能会受到影响。事实证明，在2002年世界杯上大做文章的企业收效很一般。企业在拥有一定的知名度以后，应该着重提高品牌的美誉度和忠诚度，这就要求企业利用一定的营销公关工具。农夫山泉通过“一分钱”活动承担起了社会责任，通过全国新闻媒体一系列密集式的宣传和赞扬，大大提升了企业的美誉度和消费者的忠诚度。而且，这样的免费宣传并不是500万就可以做到的事。这就是营销公关的魅力所在，获得了服务社会、推广产品和提升公司形象的多重效应，这对于立志加入世界最优秀的专业饮用水公司行列的农夫山泉来说，是非常必要的。

【思考题】

1. 农夫山泉确定的公关目标是什么？
2. 农夫山泉为实现公关目标采取了哪些公关活动？
3. 本项目的活动模式属于哪种公关活动模式？
4. 开展体育赞助公关适宜的条件有哪些？
5. 此案例给你的最大启示是什么？

【案例十三】

白兰地进军美国市场的公关妙棋

1957年10月14日是美国总统艾森豪威尔的67岁生日，华盛顿街道彩旗飘扬、标语醒目，白宫周围人山人海，华盛顿市万人空巷，等候着一个时刻的到来。这一刻，人们已经等了很久。

按照美国人的脾气，爱好自由、民主的公民们是不屑于为总统的一个区区生日而特意来凑热闹捧场的，总统也好，国务卿也好，你过你的生日，与我山姆大叔何干？

可是这一天，美国人却显得异乎寻常地热情、激动，到底发生了什么事？一个月前，法国人就在各种媒介上广为宣传，为了感谢在第二次世界大战中美军对法国人民的恩情，为了表示法美人民永远的友谊，法国人决定，在艾森豪威尔总统67岁寿诞之时，向美国总统敬赠两桶酿造已达67年的法国白兰地，这两桶极品白兰地将由专机运送，并在总统生日这天，举行盛大的赠酒仪式，向全世界表明法国人民对美国人民的友好之情。法国白兰地！美国人似乎一下子想了起来，那不是扬名全世界的美酒佳酿吗？我们以前怎么就没有想起来尝一尝呢？一时之间，白兰地的历史、趣闻、逸事陆续出现在各种媒体上。

久盼的时刻终于到了，上午十时，四名英俊的法国青年，穿着雪白的王宫卫士礼服，驾着法国中世纪时期的典雅马车进入白宫广场，由法国艺术家精心设计的酒桶古色古香，似已发出阵阵的美酒醇香。全场沸腾了，当四个侍者举着酒桶步向白宫时，美国人唱起了《马赛曲》，欢声雷动，掌声轰鸣，人们沉浸在欢乐的气氛中，各大新闻机构毫无例外地派出了记者，关于赠酒仪式的报道文字、图片、影像，充斥了当天美国的各大媒体。

借白兰地唱法美友谊，缩短了白兰地与美国公众的情感距离，这是法国白兰地制造商们举行的极为成功的公关活动，它直接为白兰地进入美国市场扫清了道路。赠酒仪式不久，一向不为美国人重视的白兰地酒，迅速成为市场上的抢手货，在人人以喝上法国白兰地为荣的背景下，法国白兰地成为供不应求的俏销产品。

“酒香也怕巷子深”，在商品经济时代，这早已成为人们的共识。任何商家，都怕自己的产品“藏在深闺无人识”，都在不遗余力地宣传自己的产品。然而，在公共关系和营销艺术走俏的今天，“王婆卖瓜”式的推销已面临淘汰的命运，说千道万，卖什么的，最终还得吆喝什么。怎么样才能既吆喝了自己的商品，而又不至于引起顾客的忽视甚至抵触、厌恶呢？或者，如何做才能让顾客心甘情愿地打开自己的皮夹子，买完后依然笑逐颜开呢？白兰地进军美国市场有许多值得称赞的地方：

首先，选择巧妙的公关切入点。白兰地的成功，就在于它巧妙地选择了法美友谊这个情感纽带，美国人在第二次世界大战中为反对法西斯战争立下了汗马功劳，特别是诺曼底登陆，直接解放了法国，扭转了战局。法国人选择第二次世界大战功臣的美国总统作为表示友谊与感谢之情的对象，满足了美国人的救世主心理，在褒扬美国的同时巧妙地展示了产品，同时提高了产品的地位——“友情的使者”，使美国人在感情上顺利接受白兰地。

其次，精心设计礼品的形象。贺酒窖龄与艾森豪威尔同龄，请法国艺术家精心设计酒具的造型和侍者的形象，用专机运送白兰地酒，精心设计赠酒仪式的全过程。

最后，事先以法美友谊为由头，借新闻媒介大加渲染，为新闻创造的素材，使宣传活动可信度高且花费很少。

（案例来源：奎军编著，《公关经典100》，广州出版社）

【思考题】

1. 请指出本次活动属于什么类型的公共关系的专题活动？
2. 指出此次活动的准备工作有哪些？
3. 请指出此次公关策划的创意体现在什么地方？

第八章 展览展销活动与商务礼仪

第一节 展览展销活动

展览展销活动是一种常见的商务公关专题活动形式，是指企业通过参加或举办展览展销去推展企业的产品或服务的一种专题活动类型。它通过现场展示和示范来传递企业信息，树立企业形象。它以“边展边销，以展促销”为主要表现形式，是一种典型的营销公关活动。

一、展览展销活动的作用

1. 给参展企业带来明显效益

对一个企业而言，展览展销活动是传播信息、展示产品与服务、提高企业知名度和可信度的一个极好的平台。这是因为展览展销活动是一种有主题、有影响的大型公共关系专题活动，它往往有一定的新闻价值，能吸引媒介的注意力，成为媒介追踪报道的对象。因此，参展企业可以充分利用这一优势来制造新闻，传播企业信息，甚至还可以利用这一机会与新闻界建立起良好的关系；同时企业通过参展或举办展览可以直接促进销售，并与公众进行良好的沟通，建立联络。这就是越来越多的企业热衷于参加展览展销活动的原因。

(1)获得资源优势

发展展会经济意味着各个行业可以在这块效益巨大的展示平台上，使参与企业的产品、技术、生产、营销等诸多方面得到开放的比较优势，减少国内资源的机会成本，增强举办地和参与企业的综合竞争能力。

(2)借力实现更大发展

展会经济既有助于提升企业面向周边地区的辐射力和影响力，又有利于举办城市增强对周边地区的服务功能。在展会经济繁荣的华东地区，上海的基础设施条件最好、商务信息最为快捷、外商光临频率最高，因而企业在参与展会营销时，应对这样的举办城市给予关注和重视,通过展会的展示平台,实现企业的借力发展。

(3)提升支持力度

各地第一产业和第三产业的发展,需要相关服务行业的支持。除了金融、保险、运输之外,展会是一项促进当地服务业发展的主要产业之一。由于大型和专业性展会往往是产品或技术市场占有率及赢利前景的晴雨表,金融合作机构也往往会根据展会第一线的精确反应来决定相关的融资力度。因此,这些方面的支持力度,对参与会展营销的企业来说,是有助于产品销售和可持续发展的大好机遇。

2. 促进展会所在地繁荣发展

展览业是一个朝阳产业。展会经济一般被认为是高收入、高赢利的行业,其利润率大约为20% ~25%。据专家测算,国际上展览业的产业带动系数大约为1∶9,即展览场馆的收入如果是1,相关的社会收入则为9。

对一个城市而言,展览展销活动是一个城市的“面包”,直接牵动着一个城市的贸易、交通运输、房地产、餐饮饭店、旅游等产业的迅速发展,并创造大量的就业机会。从国际上看,在瑞士日内瓦,德国汉诺威、慕尼黑、杜塞尔多夫,美国纽约,法国巴黎,英国伦敦以及新加坡和中国香港等这些世界著名的“展览城”,会展业为其带来了巨额利润和经济的空前繁荣。

大型国际会议、展览活动的举办对主办城市而言,能够迅速提升城市功能,增强东道主与会展相关领域的国际交流合作,促进城市经济、科技、文化的发展,改善城市形象,提高城市知名度,拉动城市建设,促进城市功能的充分发挥,改善投资环境,推动城市经济发展与国际接轨。会展集商品展示、交易和经济技术合作等功能为一体,并具备信息咨询、投资融资和商务服务等配套功能,在贸易往来、技术交流、信息沟通、经济合作诸方面发挥着日益重要的作用,在中国经济舞台上扮演着越来越重要的角色。

会展经济不仅可以培育新兴产业群,还给交通、旅游、餐饮、广告、金融等带来巨大商机,并牵动第一、第二产业发展。各地会展业纷纷出现,不仅产生了可观的经济效益,也从多方面带动和促进一个城市或地区的整体经济发展,北京、上海、大连等市政府都把会展列为当地经济发展新的增长点。随着会展业的高速发展,会展经济对中国各地旅游、城建、科技、经济等多个方面产生了重要影响。美国一位市长曾说:“如果在我这个城市开一个国际会展,就好比有一架飞机在我们头顶上撒美元。”据统计,一个参展商的消费额比一个度假游客的消费额高出2 ~3 倍。展览本身需要的电信业、装饰业、广告业、印刷业、商务办公及礼仪服务等相关行业,也因此获得发展机会。展览业还为城市创造了大量的就业机会,如美国的达拉斯市每年因举办各类展会,吸引了来自世界各地的60多万客商,他们占用了全市20%的旅馆客房,并为这座城市制造了12万个就业机会。

通过比对中国贸促会发布的《中国展览经济发展报告(2014)》与中国会展经济研究会发布的《2014年中国展览数据统计报告》,亚太会展研究评估中心指出,2014年中国共举办展览7 851场,比2013年增加0.5%,提供社会就业岗位1 960万人次,比2013年增长0.5%,直接产值3 796亿人民币,比2013年增长5.8%,占全国国内生产总值的0.67%,占全国第三产业产值的1.45%,拉动效应3.4万亿人民币,比2013年增长6.3%。

二、展览展销活动的特点和类型

1. 展览展销活动的特点

(1)传播的复合性

展览会多利用解说、广播、文字介绍、图表、照片、幻灯、录像模型、电影、音响效果、环境布局、面对面咨询、模拟或操作表演等形式,给予观众立体性的传播效果。

(2)沟通的双向性

展览会提供企业与公众双向沟通的良机:一方面企业介绍产品,发布商品信息;另一方面,公众又可以通过洽谈、咨询等方式,了解企业和产品,并将公众的反映、意见直接传达给企业,达到双向沟通的效果。

(3)印象的直观性

展示会通过实物展示,现场示范表演和操作,给公众的印象直观、生动、形象。这种直观的印象有助于增强公众对企业和产品的可信度。

(4)参展的实效性

展览会的目的就是为了宣传自我、增进效益(获得订单、销售产品),展览会经常会成为新闻媒介追踪的对象。因此,对公众影响范围广、效果大。参展单位如能充分利用展览会大造声势、扩大自己的影响,往往能起到不花钱的新闻宣传效果。

2. 展览展销活动的类型

(1)按展览的性质分

按展览的性质可分为贸易展览会和专题宣传展览会。贸易展览会的展示产品以实物为主，通过实物广告形式来促销。专题宣传展览则以宣传教育为目的，通过实物、图片、模型、文字材料等形式，向观众宣传某种观念、思想或知识。

(2)按展品内容分

按展品内容可分为综合性展览会和专题展览会。综合性展览会参展项目繁多、内容全面，如广州商品出口交易会(广交会)。这种展览会通常由专门性的组织机构或单位负责筹办，规模一般很大。专题展览会通常由企业或行业性组织，围绕某一特定专题举办，它的内容单一、规模较小，但展示的内容集中，如“全国书展”“最新电子产品展示会”“国贸电子产品展”等。

(3)按展览的规模分

按展览的规模可分为大型展览(10 000平方米以上)、中小型展览(5 000平方米)和微型展览。大型展览通常由专业机构主办，参展者通过报名参加。小型和微型展览通常由专业机构主办，厂商或有关组织自办，主要展示本企业的产品或与本组织有关的主题，如企业的产品陈列室、厂史展览室等。微型展览指橱窗展览、流动车展览等。

(4)按展览的场地分

按展览的场地可分为室内展览和露天展览。大多数展览均在室内举行，能够根据产品特点进行设计、装修布局，不受天气的影响。但某些展览，如花展、灯会展、汽车展、机械展等，所占场地较大，通常在露天举行。

(5)按展览的期限分

按展览的期限可分为长期性展览、周期性展览和一次性展览。长期性展览有比较固定和稳定的内容，包括样品陈列、文物展览等。周期性展览是定期举行的，如广州春、秋季交易会。一次性展览则是配合某一主题活动临时设计组织的专题性展览。

三、展览展销活动的组织程序

1. 明确主题和目的

任何公关活动都必须首先明确主题和目的。只有明确了主题和目的，对于展览展销活动的组织者来说才便于组织参展商，也便于策划本次展览的方方面面。对于参展企业来说，才便于选择展览展销活动，确定是否参展。

2. 确定参展单位和项目

参展单位和项目的多少直接决定展览会的规模。举办展览会的单位在明确主题和目的后,就应向有关企业发邀请函和公开发布广告,公开发布广告可通过媒体发布,如电视、报纸、杂志等。邀请函和广告一般应写清楚本次展览展销活动的主题、目的、时间、地点、条件、参观对象、要求、费用预算等。

总之,在展览会以前一定要确定有多少个参展单位(通过收到的回执单统计),有多少种项目参展,以便进一步准备。

3. 明确参展商和参观者的类型

在展览会的策划阶段,就应该对参展商和参观者的性质、层次、范围、数量、需求特点等进行分析预测,以决定展览的地点、规模、传播形式、接待规格、收费标准等。

4. 选择展览场地和地点

展览场地和地点的选择要求为交通方便、辅助服务设施完备、安全保卫系统有效,展览场地和环境特定与展览主题及内容相吻合。展览场地大小视规模而定,如小型展览会的地点通常选择在车站的候车室、图书馆门厅、酒店的大厅等,而微型的袖珍展览指的是商品的橱窗展览和流动的展览车等。

5. 培训工作人员

展览会工作人员的素质和能力直接影响着展览效果,必须对展览会的工作人员,如讲解员、接待员、服务员等进行与展览有关的专业知识培训,进行传播沟通能力和礼仪礼貌等方面的公关培训。特别是对大型展览会而言,其对工作人员的要求比较高,不仅要求工作人员具备良好的公关技能,而且还必须熟悉和掌握展出项目的内容、参展单位的概况甚至详细情况,以便回答参观者提出的各种询问。总之,这些工作人员应从举止、语言、服饰、态度到专业知识,都能使参观者感到满意。

6. 成立专门的新闻和接待服务机构

展览会要有专门机构和人员负责新闻记者的接待,因为展览会的效果在一定程度上要靠媒介的传播。要有专人负责广告及一切宣传事物,如制作宣传海报、宣传小册子,拍摄幻灯片、录像片。另外,要有接待机构,负责接待有关参展者、参观者的来访、咨询、投诉,负责饮食、医疗、安全保卫、交通、保险等事宜。甚至对大型展览而言,应附设负责产品的订购、文书、邮政、海关、商检、运输、旅游等配套服务机构。

7. 设计相关物品

设计制作展览会徽标,以及相关的纪念品、入门券、工作人员的胸卡等。

8. 制定展览会的经费预算

展览会的费用通常包括如下几项：

(1)场地费用，如场地租金、水电；

(2)设计装修布展费用；

(3)职员费用，包括所有工作人员的薪金(包括模特)、伙食、车费等；

(4)宣传费用，包括登广告(如现场的飘空气球等)、印刷宣传品、联络记者的费用；

(5)保险费；

(6)运输费；

(7)交际费；

(8)不可预算费用(5% ~10%)，根据实际列表。

9. 设计布展

一般请专业人士设计、布局，总的要求是与展品密切相关，追求新、奇、特艺术性，创造宣传效果和销售环境，吸引参观者的目光，展示企业形象。

大型展示是现代社会传达与交流信息的重要手段之一，随着参展规模的不断扩大，企业注入的商业信息也在成倍地增长，大型展示除去显示的竞争实力，其宣传效果往往令顾客难以忘怀。对设计者来说，大型展示提出了一个非同寻常的挑战，因为普通展示设计中得出的经验在这里是不适用的。

根据展览主题构思展览整体结构，拟订展览大纲，画出展览平面图和设计要点，撰写布展脚本(包括文案、设计图、解说词)，实物展品进场后进行必要的整修。在对展览展销的总体设计上，必须综合运用营销、美术、心理学、公关学等各方面的知识，对整个展览进行整体规划。

设计布展从某种意义上说是企业商品的扩展延伸，大型展示设计质量的高低，直接影响企业参展的成功与否。设计者应准确把握企业与商品的所有信息，以帮助参展企业抓住市场机遇，树立优良形象。

此外，组织者应搞好环境布局，安排好照明、音响设备，室内场地都应根据本次展览的特点做好相应的布置。

10. 安排有关配套活动

展览会的举办过程中，可安排一些可视性和趣味性较强的配套活动，如策划和组织开幕式、闭幕式，许多稍大型的展览展销会都需要安排专门的开幕剪彩仪式和闭幕式，事先确定剪彩嘉宾，安排好开幕式和闭幕式的余庆活动、新闻采访等；还可组织有奖测验、有奖销售、门票抽奖活动等；组织外地参展商参观本地风景名胜等，以提高人气，活跃展览会气氛。

11. 展览展销活动的效果测定

可以运用咨询台、意见簿、小型座谈、电话访问、问卷调查、有奖测验、新闻分析等方法进行，以此了解展览展销活动的效果。如果是贸易性的展览，可以从贸易成交额或定货量来分析展览展销活动的效果。

第二节　展览展销礼仪

一、主办方礼仪

1. 参展单位的确定

一旦决定举办展览会，由什么单位来参加的问题，通常都是非常重要的。在具体考虑参展单位的时候，必须注意两厢情愿，不得勉强。按照商务礼仪的要求，主办单位事先应以适当的方式，以拟参展的单位发出正式的邀请或召集。邀请或召集参展单位的主要方式为刊登广告、寄发邀请函、召开新闻发布会等。不管是采用其中任何一种方式，均须同时将展览会的宗旨、展出的主要题目、参展单位的范围与条件、举办展览会的时间与地点、报名参展的具体时间与地点、咨询有关问题的联络方法、主办单位拟提供的辅助服务项目、参展单位所应负担的基本费用等，一并如实告之参展单位，以便对方据此加以定夺。对于报名参展的单位，主办单位应根据展览会的主题与具体条件进行必要的审核。切勿良莠不分，来之不拒。当参展单位的正式名单确定之后，主办单位应及时以专函进行通知，使得被批准的参展单位尽早有所准备。

2. 展览内容的宣传

为了引起社会各界对展览会的重视，并且尽量扩大其影响，主办单位有必要对其进行大力宣传。宣传的重点，应当是展览的内容，即展览会的展示陈列之物。因为只有它，才能真正吸引各界人士的注意和兴趣。对展览会，尤其是对展览内容所进行的宣传，主要可以采用下述几种方式：①举办新闻发布会；②邀请新闻界人士到场进行参观采访；③发表有关展览会的新闻稿;④公开刊发广告;⑤张贴有关展览会的宣传画;⑥在展览会现场散发宣传性材料和纪念品;⑦在举办地悬挂彩旗、彩带或横幅;⑧利用升空的彩色气球和飞艇进行宣传。以上八种方式,可以只择其一,亦可多种同时并用。在具体进行选择时,一定要量力行事,并且要严守法纪,注意安全。为了搞好宣传工作,在举办大型展览会时,主办单位应专门成立对外进行宣传的组织机构。其正式名称,可以叫新闻组,也可以叫宣传办公室。

3. 展示位置的分配

对展览会的组织者来讲,展览现场的规划与布置,通常是其重要职责之一。在布置展览现场时,基本的要求是:展示陈列的各种展品要围绕既定的主题,进行互为衬托的合理组合与搭配。要在整体上显得井然有序、浑然一体。顺理成章的是,所有参展单位都希望自己能够在展览会上拥有理想的位置。展品在展览会上进行展示陈列的具体位置,称为展位。大凡理想的展位,除了收费合理之外,应当面积适当,客流较多,处于展览会上的较为醒目之处,设施齐备,采光、水电的供给良好。在一般情况下,展览会的组织者要想尽一切办法充分满足参展单位关于展位的合理要求。假如参展单位较多,并且对于较为理想的展位竞争较为激烈的话,则展览会的组织者可依照展览会的惯例,采用下列方法之一对展位进行合理的分配:①对展位进行竞拍。由组织者根据展位的不同而制定不同的收费标准,然后组织一场拍卖会,由参展者在会上自由进行角逐,出价高者拥有自己喜欢的展位。②对展位进行投标。即由参展单位依照组织者所公告的招标标准和具体条件自行报价,并据此填具标单,而由组织者按照"就高不就低"的常规,将展位分配给报价高者。③对展位进行抽签。即将展位编号,然后将号码写在纸签之上,由参展单位的代表在公证人员的监督下每人各取一个,以此来确定各自的具体展位。④按"先来后到"分配。即以参展单位正式报名的先后为序,谁先报名,谁便有权优先选择自己所看中的展位。不管采用上述何种方法,组织者均须事先将其广而告之,以便参展单位早作准备,尽量选到称心如意的展位。

4. 安全保卫的事项

无论展览会举办地的社会治安环境如何,组织者对于有关的安全保卫事项均应认真对待,以免由于事前考虑不周而麻烦丛生。在举办展览会前,必须依法履行常规的报批手续。此外,组织者还须主动将展览会的举办详情向当地公安部门进行通报,求得其理解、支持与配合。举办规模较大的展览会时,最好从合法的保卫公司聘请一定数量的保安人员,将展览会的保安工作全权交予对方负责。为了预防天灾人祸等不测事件的发生,应向声誉良好的保险公司进行数额合理的投保，以便利用社会的力量为自己分忧。在展览会入口处或展览会的门券上，应将参观的具体注意事项正式成文列出，使观众心中有数，以减少纠葛。展览会组织单位的工作人员，均应自觉树立良好的防损、防盗、防火、防水等安全意识，为展览会的平安进行竭尽一己之力。按照常规，有关安全保卫的事项，必要时最好由有关各方正式签订合约或协议，并且经过公证。

5. 辅助的服务项目

主办单位作为展览会的组织者，有义务为参展单位提供一切必要的辅助性服务项目。否则，不单会影响自己的声誉，而且还会授人以柄。由展览会的组织者为参展单位提供的各项辅助性服务项目，最好有言在先，并且对有关费用的支付进行详尽说明。具体而言，为参展单位所提供的辅助性服务项目，通常主要包括下述各项：

（1）展品的运输与安装；

（2）车、船、机票的订购；

（3）与海关、商检、防疫部门的协调；

（4）跨国参展时有关证件、证明的办理；

（5）电话、传真、电脑、复印机等现代化的通信联络设备；

（6）举行洽谈会、发布会等商务会议或休息之时所使用的适当场所；

（7）餐饮以及有关展览时使用的零配件的提供；

（8）供参展单位选用的礼仪、讲解、推销人员等；

（9）展览会的参加。

二、参展方礼仪

参展单位在正式参加展览时，必须要求自己的全部派出人员齐心协力、同心同德，为大获全胜而努力奋斗。在整体形象、待人礼貌、解说技巧等三个主要方面，参展单位要予以特别的重视。

1. 要努力维护整体形象

在参与展览时，参展单位的整体形象直接映入观众的眼里，因而对自己参展的成败影响极大。参展单位的整体形象，主要由展示之物的形象与工作人员的形象两个部分构成。对于二者要给予同等的重视，不可偏废其一。展示之物的形象，主要由展品的外观、展品的质量、展品的陈列、展位的布置、发放的资料等构成。用以进行展览的展品，外观上要力求完美无缺，质量上要优中选秀，陈列上要既整齐美观又讲究主次，布置上要兼顾主题的突出与观众的注意力，而用以在展览会上向观众直接散发的有关资料，则要印刷精美、图文并茂、资讯丰富，并且注有参展单位的主要联络方法，如公关部门与销售部门的电话、电报、电传、传真以及电子邮箱的号码，等等。

工作人员的形象，则主要是指在展览会上直接代表参展单位露面的人员的穿着打扮问题。在一般情况下，要求在展位上工作的人员应当统一着装。最佳的选择，是身穿本单位的制服，或者是穿深色的西装、套裙。在大型的展览会上，参展单位若安排专人迎送宾客时，则最好请其身穿色彩鲜艳的单色旗袍，并披戴写有参展单位或其主打展品名称的大红色绶带。为了说明各自的身份，全体工作人员皆应在左胸佩戴标明本人单位、职务、姓名的胸卡，唯有礼仪小姐可以例外。按照惯例，工作人员不应佩戴首饰，但男士应当剃须，女士则最好化淡妆。

2. 要时时注意待人礼貌

在展览会上，不管它是宣传型展览会还是销售型展览会，参展单位的工作人员都必须真正意识到观众是自己的上帝，为其热情而竭诚地服务则是自己的天职。为此，全体工作人员都要将礼貌待人放在心坎上，并且落实在行动上。展览一旦正式开始，全体参展单位的工作人员即应各就各位，站立迎宾。不允许迟到、早退、无故脱岗、东游西逛，更不允许在观众到来之时坐、卧不起，怠慢对方。当观众走近自己的展位时，不管对方是否向自己打招呼，工作人员都要面含微笑，主动向对方说：“你好！欢迎光临！”随后，还应面向对方，稍许欠身，伸出右手，掌心向上，指尖直指展台，并告知对方：“请您参观。”当观众在本单位的展位上进行参观时，工作人员可随行于其后，以备对方向自己进行咨询；也可以请其自便，不加干扰。假如观众较多，尤其是在接待组团而来的观众时，工作人员亦可在左前方引导对方进行参观。对于观众所提出的问题，工作人员要认真作出回答，不允许置之不理，或以不礼貌的言行对待对方。当观众离去时，工作人员应当真诚向对方欠身施礼，并道以“谢谢光临”，或是“再见”。在任何情况下，工作人员均不得对观众恶语相加，或讥讽嘲弄。对于极个别不守展览会规则而乱摸乱动、乱拿展品的观众，仍须以礼相劝，必要时可请保安人员协助，但不允许对对方擅自动粗，进行打骂、扣留或者非法搜身。

3. 要善于运用解说技巧

解说技巧,此处主要是指参展单位的工作人员在向观众介绍或说明展品时,所应当掌握的基本方法和技能。具体而论,在宣传性展览会与销售性展览会上,其解说技巧既有共性可循,又有各自的不同之处。在宣传性展览会与销售性展览会上,解说技巧的共性在于:要因人而异,使解说具有针对性。与此同时,要突出自己展品的特色。在实事求是的前提下,要注意对其扬长避短,强调"人无我有"之处。在必要时,还可邀请观众亲自动手操作,或由工作人员对其进行现场示范。此外,还可安排观众观看与展品相关的影视片,并向其提供说明材料与单位名片。通常,说明材料与单位名片应常备于展台之上,由观众自取。

宣传型展览会与销售型展览会的解说技巧,又有一些不同之处。在宣传型展览会上,解说的重点应当放在推广参展单位的形象之上。要善于使解说围绕着参展单位与公众的双向沟通而进行,时时刻刻都应大力宣传本单位的成就和理念,以便使公众对参展单位给予认可。而在销售型展览会上,解说的重点则必须放在主要展品的介绍与推销之上。按照国外的常规说法,解说时一定要注意"FABE"并重,其中,"F"指展品特征,"A"指展品优点,"B"指客户利益,"E"则指可资证据。要求工作人员在销售性展览会上向观众进行解说之时,注意"FABE"并重,就是要求其解说应当以客户利益为重,要在提供有利证据的前提之下,着重强调自己所介绍、推销的展品的主要特征与主要优点,以争取使客户觉得言之有理,乐于接受。不过,争抢、尾随观众兜售展品,弄虚作假,或是强行向观众推介展品则不可取。

【案例十四】

小展览,大品牌

中国义乌国际小商品博览会(简称"义博会"),创办于1995年,从2002年开始升格为由国家商务部参与主办的国际性展会,成为继广交会、华交会后的第三大展会。义博会的主要内容包括贸易展览、会议论坛和文化活动三大板块,坚持以客商为中心,突出经贸功能,注重展会实效。义博会是唯一经国务院批准的日用消费品类国际性展览会,目前已经成为中国第三大出口商品展以及亚洲主要消费品展。

【思考题】

1. 分析义博会品牌建设的主要方法有哪些?

2. 义博会可否复制,其他中西部城市能否模仿义博会的模式建设会展品牌?

【案例十五】

在一次博览会即将举办之际,迎接宾客的小组迎接一个一行四人的越南商贸代表团。在接到宾客后,迎接人员引导宾客走下楼梯,当大家拉着行李走了很久,才发现原来有直达电梯到达停车场。没想到迎接车辆不在原来通知的位置。接待人员急忙打了若干个电话才联系上司机,又引领代表团终于到达了停车处。这时,虽然迎接人员反复道歉,但代表团成员已经怨声载道。

【思考题】

1. 案例中展览会的代表在埋怨什么?

2. 如果你是迎接人员,请你拟定一个迎接越南代表团的方案。

第九章　新闻发布会与商务礼仪

新闻发布会是社会组织与新闻界建立和保持联系的一种重要活动方式，也是传播各类信息，谋求新闻界对某一事件、某一组织或个人客观报道的行之有效的手段。

第一节　新闻发布会

一、新闻发布会的特点

新闻发布会也称为记者招待会，是组织为了公布重要的新闻或者解释重要方针政策而有意邀请媒介公众参加的一种公关活动，这是组织与新闻界建立和保持联系的一种常用的形式。新闻发布会具有以下特点（表9－1）。

表9－1　新闻发布会特点

新闻稿发布渠道	花费	媒体范围	操作难度	适用范围及要求
新闻发布会	大	广	大	大型企业、政府机构，重大事件
代发	小	广	小	产品推广、日常公关，重大事件
自建媒体关系	很小	小	中	需要文案专员、媒介专员，费用小
免费投稿	无	小	大	稿件创意及质量要求高，难以嵌入广告信息
传媒代发	小	广	小	大中小企业、产品推广，速度快、费用低

1. 形式正规

以这种方式发布信息，形式比较正规、隆重，较有深度和广度，规格较高，但成本也较高。发布会现场可以和记者交流，容易引起社会公众的广泛关注，能在短期内迅速扩大组织的社会影响，化解不利因素，为组织营造和谐的外部环境。

2. 沟通活跃

在新闻发布会上，双向互动，先发布新闻，后请记者提问。记者们可根据自己感兴趣的问题和角度进行提问，能更好地发掘消息，会场气氛也显得十分活跃。

3. 方式优越

新闻传播面广，可通过报刊、电视、广播、网站集中发布（时间集中，人员集中，媒体集中），迅速扩散到公众。新闻发布会对发言人和主持人的要求较高，需占用新闻记者和组织者较多的时间和精力。

二、新闻发布会的主要类型

新闻发布会的类型，目前尚无统一的划分标准。根据主题不同，可以分为书面发布会和主题活动发布会；根据事件特性，可以分为突发事件、重大活动、宣告性新闻发布会；根据渠道划分，可以分为网络新闻发布会、电视媒体新闻发布会等；根据发布会的内容，可以分为新闻发布会、新闻通气会、产品上市发布会三种。

1. 新闻发布会

新闻发布会主要是针对一件已经发生或者正在进行中的重大事件进行公告或公布的会议，通常只有一场，也有时会在一个时期内多次发布。新闻发布会一般都是吸引相关的媒体在会议场地上进行提问或者报道，因此对发布会场地要求一般不会太高，主要还是考虑会议场地的周边环境以及交通状况问题。

因为新闻发布会是属于一个比较正式的发布渠道与方式，所以很大程度上要保证新闻内容的充分性和准确性，以避免媒体和大众对发布会信息的错误理解，新闻发布会一般都是以新闻发言人书面表达或听众、记者提问的形式进行的。

2. 新闻通气会

新闻通气会又称媒体见面会，主要是对已经发生或者即将发生的、备受大家关注的事件对其发展状态向外界公布的会议。与新闻发布会相比，通气会显得比较灵活多样，对会议场地的要求以及环境的氛围比较宽松。

有时候新闻发布单位或者信息发布人是借着新闻的发布来反面了解媒体或者大众对某一事件的态度有哪些反应，加上会议场地选择以及设计技巧，发布人对信息发布有着不确定、模糊的处理态度。在与媒体和大众沟通过程中，信息发布人往往也是新闻主导机构方的负责人，记者提问的限制范围会被在更大程度上给予放宽，因此，在很多情况下，新闻价值的大小和新闻点产生的多少，也取决于记者对当前事件的了解深度和提问水平。

3. 新品上市发布会

与上述两种类型存在很大的不同，新品上市发布会具备新闻发布会和新品上市两种功效，其信息来源主要是企业渠道，而新闻发布会跟通气会则来源于政府跟行业等。

新品发布会主导者是企业，所以发布会的整个内容流程设计显得更加灵活多样。例如，可以通过增加表演、互动的娱乐内容来提高产品的人气推广效应，给产品设计众多的亮点，而娱乐节目将会给大众留下一个很深刻的印象，最终达到发布会的目的。

二、新闻发布会的组织程序

1. 新闻发布会策划

新闻发布会筹备负责人需时刻跟踪国内外行业舆情，做好日常调研和资料准备工作，在筹备前期制定新闻发布会计划，具体内容包括新闻发布会主题和目标、时间、地点、目标受众、新闻发言人、日程提案、资金预算等。

（1）确定会议主题

主题是新闻发布会的中心议题，是召开新闻发布会的依据，组织要围绕发生的事件和做出的决策来确定主题的性质：是宣传性的还是说明性的。宣传性主题也会含有说明的成分，说明性的主题也带有宣传的动机，各自的侧重点不同。例如，新产品研制出来后，召开新闻发布会公布这一消息，这是属于宣传性的主题，但在公布这条新闻时，还有必要附带对该产品进行解释和说明，让公众对该产品有较详细的了解。

（2）确定邀请对象

会议的主题决定邀请者的范围，如果事件涉及全国，就应该邀请中央新闻单位的记者出席；如果事件发生的范围及影响仅仅限于本埠，就只需邀请当地新闻单位的记者出席；如果事件涉及专门业务，则要邀请专业性报刊和新闻单位内部从事专门报道的记者、编辑出席。对记者要一视同仁，不能只邀请一些而忽略了另一些。应注意做到邀请的面适当，各方面的有关记者都要照顾到。

（3）选择会议地点和举办时间

会议的地点对新闻发布会的影响较大，要考虑给记者创造各种方便采访的条件。例如，录像的辅助灯光，视听辅助工具，幻灯、电影的播放设备等。会场要安静，不受电话干扰，要有舒适的座椅。最后，还要考虑交通是否方便。会议的时间应尽量避开节假日和有重大社会活动的日子，以免记者无法脱身前来参加。

(4)制订会议费用预算

举办新闻发布会前，应制订预算计划，由组织拨给专款。费用预算可根据新闻发布会的规格和规模决定，注意留有余地，以备急用。预算项目一般包括：场租费、会议布置费、印刷品费用、邮电费、交通费、住宿费、音像器材费用、相片费、茶点或餐费、礼品费用、文具用品费用等。

2. 新闻发布会筹备

(1)准备会议资料

会议资料包括文字、实物、图片、影视等资料，如会议主持人和发言人的讲话稿、答记者问的备忘提纲、新闻统发稿以及有关的背景资料、论据资料等。准备发言稿前，必须先在组织内部统一口径，然后组织专门小组负责起草发言稿，全面认真收集有关资料，写出准确、生动的发言稿。如果有外国记者参加，有些资料还应翻译成外文。

(2)选择会议主持人和发言人

主持人和发言人必须能够胜任这一工作，即必须能说会道、头脑清醒、反应机敏，有较高的文化修养和口头表达能力。会议的主持人一般应有较高的专业技巧，会议的发言人一般应是组织或部门的高级领导，因为他们清楚组织的整体情况、方针、政策和计划等问题，又具有权威性。发布会前，应进行必要的模拟训练。

(3)组织参观和宴请的准备

组织记者就发布会新闻为主题进行参观，给记者实地采访、录像、拍摄的机会，发布会前，安排好将要参观的地方，请他们作进一步深入采访。这样，常常会导致具有重大价值的新闻报道。如有必要，可在会后或参观活动后，邀请记者参加午餐或晚餐。这是一种互相沟通的机会，可以利用这种场合融洽与新闻界的关系。

(4)细节准备

购买礼品，对主持人、礼仪人员和接待人员进行培训和预演，设计背板，布置会场，充分考虑每一个细节，例如，音响和放映设备、现场的音乐选择、会议间隙时间的余兴安排等。

3. 新闻发布会启动

正式发布会前提前一到两个小时，检查一切准备工作是否就绪，将会议议程精确到分钟，并制定意外情况补救措施。

按计划开始发布会。发布会程序通常为来宾签到、贵宾接待、主持人宣布发布会开始和会议议程、按会议议程进行、会后聚餐交流以及有特别公关需求的人员的个别活动。

发布会全程监控媒体发布情况，整理发布会音像资料、收集会议剪报，制作发布会成果资料集（包括来宾名单、联系方式整理，发布会各媒体报道资料集，发布会总结报告等），作为企业市场部资料保存，并可在此基础上制作相应的宣传资料。

4. 效果测评

评测新闻发布会效果，收集反馈信息，总结经验。

第二节　新闻发布会礼仪

一、会前礼仪

召开新闻发布会，邀请哪些方面的新闻界人士与会是很重要的。

首先，要了解拟邀请新闻媒体的主要特点，如电视、报纸、广播、杂志、网络等新闻媒体的主要优缺点，并在邀请时加以考虑，才不至于走弯路。

其次，在邀请新闻媒体时要有所侧重。在邀请新闻单位的具体数量上，新闻发布会自有讲究。基本的规则是，宣布某一消息时，尤其是为了扩大影响，提高本单位的知名度时，邀请新闻单位通常多多益善。而在说明某一活动、解释某一事件时，特别是当本单位处于守势时，邀请新闻单位的面则不宜过于宽泛。不论是邀请一家还是数家新闻单位参加新闻发布会，主办单位都要尽可能优先邀请那些影响巨大、主持正义、报道公正、口碑良好的新闻单位派员到场。此外，还应根据新闻发布会的具体性质，确定是要邀请全国性新闻单位、地方性新闻单位、行业性新闻单位同时到场，还是只邀请其中的某一部分。

媒体邀请既要吸引记者参加，又不能过多透露将要发布的新闻。在媒体邀请的密度上，既不能过多，也不能过少。一般来说，组织应邀请与自己联系比较紧密的记者参加，必要时如事件现场气氛热烈，应关照平面媒体记者与摄影记者一起前往。邀请的时间一般以提前3～5天为宜，发布会前一天可作适当提醒。熟悉的媒体记者可电话邀请，不熟悉的媒体可采取书面邀请的方式，但无论是否熟悉，在新闻发布会之前，重大的新闻内容都不可以透露出去。

最后，注意协调主办单位与新闻界人士的相互关系。如前所述，新闻界人士是新闻发布会上的主宾。主办单位如欲取得新闻发布会的成功，就必须求得对方的配合，并与之协调好相互关系。主办单位，特别是主办单位的主要负责人与公关人员在与新闻界人士打交道时，一定要注意以下几点：

(1)要把新闻界人士当作自己真正的朋友对待，对对方既要尊重友好，更要坦诚相待；

(2)要对所有与会的新闻界人士一视同仁，不要有亲有疏、厚此薄彼；

(3)要尽可能向新闻界人士提供对方所需要的信息，要注意信息的准确性、真实性与时效性，不要弄虚作假，爆炒旧闻；

(4)要尊重新闻界人士的自我判断，不要指望拉拢、收买对方，更不要打算去左右对方；

(5)要与新闻界人士保持联络，要注意经常与对方互通信息，常来常往，争取建立持久关系。

二、会中礼仪

在新闻发布会正式举行的过程之中，往往会出现种种这样或那样的确定和不确定的问题。有时，甚至还会有难以预料到的情况和变故出现。要应付这些难题，确保新闻发布会的顺利进行，除了要求主办单位的全体人员齐心协力、密切合作之外，最重要的，是要求发布会的主持人、发言人，能善于沉着应变、把握全局。为此，特别要求主持人、发言人在新闻发布会举行之际，牢记下述几个要点。

1. 注意外表的修饰

毫无疑问，在新闻发布会上，代表主办单位出场的主持人、发言人，往往被新闻界人士视为主办单位的化身和代言人。而在新闻发布会召开之后，他们还有可能在不少新闻媒体上出镜亮相。他们的一言一行决定了新闻媒介、社会公众对主办单位的态度与评价，也决定了社会公众对主办单位的态度与评价。鉴于此，主持人和发言人对于自己的外表，即仪容、服饰、举止，一定要事先进行认真修饰。

按照惯例，主持人、发言人要注重仪表，女士应化淡妆，发型和服装应当庄重而大方。服装必须干净、挺括，不宜佩戴首饰。在面对新闻界人士时，主持人、发言人都要注意做到举止自然而大方，要面带微笑，坐姿端正。一定要克服某些有损个人形象的不良举止，例如，抓搔头皮、紧咬嘴唇、眼皮上翻、东张西望、不看听众、以手捧头、双脚乱抖、反复起立、交头接耳、表情呆滞、不苟言笑，等等。

2. 注意相互的配合

不论是主持人还是发言人，在新闻发布会上都是一家人，因此二者需分工明确，彼此支持，不允许越俎代庖、替人代劳。主持人要做的工作主要是主持会议、引导提问；发言人要做的工作，则主要是主旨发言、答复提问。有时，在重要的新闻发布会上，为慎重起见，主办单位往往会安排数名发言人同时出场。若发言人不止一人，事先必须作好内部分工，各管一段。否则人多了，话反而没人说，或是抢着说。一般来说，发言人的现场发言应分为两个部分，首先进行主旨发言，接下来才回答疑问。当数名发言人到场时，只需一人进行主旨发言即可。

主持人、发言人的彼此支持，也是极其重要的。在新闻发布会进行期间，主持人与发言人必须保持一致的口径，不允许公开顶牛、相互拆台。当新闻界人士提出的某些问题过于尖锐或难于回答时，主持人要想方设法转移话题，不使发言人难堪。而当主持人邀请某位新闻记者提问之后，发言人一般要给予对方适当的回答。否则，不论对那位新闻记者还是对主持人来讲，都是非常失敬的。

3. 注意讲话的分寸

在新闻发布会上，主持人、发言人的一言一语，都代表着主办单位，因此，必须对自己讲话分寸予以重视。下述四点尤为重要。

(1)简明扼要

不管是发言还是答问，都要条理清楚、重点集中，令人既一听就懂又难以忘怀。在新闻发布会上有意卖弄口才、口若悬河，往往是不讨好的。

(2)提供新闻

新闻界人士就是特意为获得新颖而有价值的新闻材料而来的，所以在不违法、不泄密的前提下，要善于满足对方在这方面的要求。至少也要在讲话中善于表达自己的独到见解。

(3)生动灵活

在讲话之际,讲话者的语言是否生动,话题是否灵活,往往直接影响到现场的气氛。面对冷场或者冲突爆发在即,讲话者生动而灵活的语言,往往可以使之化险为夷。因此,适当采用一些幽默风趣的语言、巧妙的典故,也是必不可少的。

(4)温文尔雅

新闻记者大都见多识广,加之又是有备而来,所以他们在新闻发布会上经常会提出一些尖锐而棘手的问题。遇到这种情况时,发言人能答则答,不能答则应当巧妙进行闪避,或是直接告之无可奉告。

4. 提供周到的服务

新闻发布会中,应为记者的采访提供各种便利条件,包括选择交通便利、环境清静整洁的地点,提供齐全的设备,如电话、传真机、打印机、扩音设备等,桌椅设置应便于记者做记录,准备好有关的材料供记者作参考,如宣传材料、照片、实物、模型等,以及可配合新闻发布会,组织记者进行现场参观,给记者创造实地采访、摄影、录音、录像的机会。

三、会后礼仪

记者提问结束时,发言人应向到会的记者表示感谢,最后由会议主持人宣布会议结束。

尽快整理出新闻发布会的记录材料,从中总结此次发布会在组织、布置、主持和回答问题等工作中的成功和失误,从中认真汲取经验和教训,将这些经验汇编存档。

搜集每一位到会记者在报刊上发表的稿件、文章,并进行归类分析,检查是否达到了举办新闻发布会的预期目标,检查是否存在由于工作人员失误造成的错误,如有失误,应设法补救。如果错误系记者本身所为,也不要指责,而应该婉转地转告记者本人,并促使其予以及时更正;对正确报道了公司有关信息的记者和新闻单位,应通过电话或书信表示谢意。

收集与会记者的反应,了解记者及所属媒介对本组织的看法,及是否每个与会记者都发了稿件,并对记者所发稿件的内容和倾向做一分析,从而了解记者所代表的新闻机构的背景及其意见、态度和产生的原因等,做到心中有数,以便日后更好地与之合作。

对于因故未能参加发布会的新闻机构人员,可提供有关背景材料、会议记录材料及图片、报道提纲等，以便他们选用。

【案例十六】

“沙宣再创辉煌，世纪大行动”

——爱德曼公关公司为宝洁设计的品牌发展案例

一、案例介绍

1998年7月，沙宣在北京成功举办了全国性品牌推广活动，从而使沙宣在不到一年的时间内，迅速进入中国护发产品市场的前列。此时，沙宣机构正推出新徽标及新产品，以展示其世纪新形象。为加强沙宣品牌知名度以及让广大目标受众了解沙宣品牌的发展状况，爱德曼公关公司与宝洁（中国）有限公司计划于1999年7月在北京隆重举行“沙宣再创辉煌，世纪大行动”，旨在通过一系列公关活动扩大沙宣目标群体的数量，使其覆盖面涉及专业发型师、零售商、媒体和消费群体。

二、项目调查

项目策划之前，爱德曼公关做了大量调查研究工作，通过对消费者做电话及当面寻访、新闻报道分析及市场报道分析等工作，取得了沙宣品牌在中国的形象树立及市场营销的第一手资料。

三、项目策划

1. 活动策略

（1）以独特方式展示沙宣新世纪形象；

（2）向媒体、消费者和发型师讲解沙宣新产品系列的优越性；

（3）聘请沙宣发型师举办专业发型创作展，宣传沙宣作为美发界权威的形象。

2. 活动主题

世纪风采由你而来

3. 目标群体

（1）年龄在18～34岁之间的消费群体；

（2）专业人士；

（3）新闻媒体；

(4)美发协会及发型师团体。

四、项目实施

1. 工作安排

"沙宣再创辉煌,世纪大行动"项目计划于1998年4月正式启动。最初由爱德曼公关与伦敦沙宣发廊的一批著名发型师举行碰头会,提出初步设想以便推出适合中国市场的新世纪发型表演。爱德曼所承担的主要任务是策划项目内容和协调整个项目规划,制订并实施针对各个目标群体的各项活动。

2. 前期新闻资料发放

为了向媒体发送活动信息,并为它们提供背景资料,爱德曼公关公司于今年6月就提前向媒体发送了关于沙宣世纪大行动的前期新闻稿,为媒体在发型展示会之前就能发布消息提供了条件。

爱德曼公关公司还充分考虑到杂志社的截稿时间往往比发稿时间提前30天左右,就此爱德曼公关公司向杂志社发送新闻稿的时间又比报社提前了一个多月。在活动前期共收到30余篇新闻简报,报道面涉及北京、天津、上海、广州、大连、沈阳、长春和哈尔滨等城市。

3. 与合作伙伴的系列公关策划

(1)与沙宣伦敦发型师合作拍摄沙宣中国特色发型照片

为了展现具有中国特色的沙宣新世纪发型,爱德曼公关公司特约沙宣国际创意总监、国际知名摄影师及名模胡兵等共同在具有中国古典建筑风格的古庙——智化寺拍摄了一组极具中国特色的沙宣新世纪发型。爱德曼公关公司为成功组织拍摄这组照片进行了大量工作,包括寻找地点、预订拍摄场景、协调摄影师的工作、用计算机进行加工处理图片、预约模特儿、对摄影场景的现场管理、挑选及复印照片和向媒体发送照片等。

从媒体发稿情况来看,这组照片得到媒体的青睐,超过50%的媒体选用了部分或全部照片。

(2)与亚洲音乐电视(MTV)合作

这次活动所选中的合作伙伴是MTV电视网亚洲部。对方所承担的工作包括提供两位名牌节目主持人,录制并播放5次长达5分钟的促销电视片和为时10分

钟的专题片。播放的内容包括:

①沙宣1999年发型展示会;

②为著名节目主持人制作发型的过程;

③发型的未来趋势;

④沙宣的辉煌经历;

⑤整体活动内容及对社会名流和模特的采访。

爱德曼公关公司与MTV电视网亚洲部进行了密切合作,向节目主持人、电视制作组及导演等人员介绍情况,编写主持人台词及有关沙宣的文字和图像资料。此外,爱德曼公关公司还安排了对中国宝洁洗发护发用品总经理戴怀德先生和沙宣国际创意总监夏特里先生的专访,并与主持人一起安排新闻发布会。由于对发型展示会及主持人的活动进行了实地排演,从而确保了新闻发布会及发型表演的顺利进行。

(3)与时尚界名流的合作

台湾名模、影星兼电视节目主持人孟广美是沙宣选定的1999/2000秋冬季沙宣发型亚裔女性代表。在发型展示会上,孟广美身着由中国时装设计师王一扬设计的逸飞品牌时装。在新闻发布会上,她作为发言人,对沙宣品牌及其新款去头皮屑洗发露产品给予了极有价值的赞誉。

中国名模、演员兼歌手胡兵是去年沙宣发型展示会的主持人。在今年的活动中,他作为模特在沙宣中国特色照片中亮相,并在新闻发布会上发言。

王一扬是中国逸飞女装公司的设计师,这是他首次与沙宣合作。孟广美就是身着他设计的服装出现在T型台上的。他还应邀在新闻发布会上与媒体对话。

从媒体对活动的报道看,邀请社会名流参与活动成效显著。爱德曼公关公司不仅为活动找到社会名流作为合作对象,而且还就发邀请函、签约、介绍情况、编写发言稿及现场管理等事宜进行了协调工作。

4. 新闻发布会及为媒体举办的发型展示会

共有161名文字记者和摄影记者出席了在北京举办的“沙宣再创辉煌,世纪大行动”新闻发布会,其中56位记者专程从外地赶来参加此次活动。爱德曼公关公司还为新加坡媒体的专访安排了日程，并协调了两家国际新闻机构——路透社和美联社的报道工作。此外，爱德曼公关公司还向另外8个省市发送了专题资料并安排了所有活动的细节，包括制订媒体代表名单、与有关地方媒体进行协商、发送邀请函及新闻资料、为所有发言人员编写发言稿、向宝洁管理人员及沙宣伦敦工作组介绍情况、组织排练、现场管理及对全国媒体报道的跟踪等事宜。

5. 媒体专访

在为期三天半的活动期间，59位媒体代表对沙宣伉俪及宝洁（中国）有限公司洗发护发用品总经理戴怀德先生和逸群女士进行了单独或集体采访。三个采访室的活动都是由爱德曼协调管理。其工作内容包括媒体采访日程、现场接待、准备媒体资料、与客户联络、日程的最后一分钟修改、回答媒体咨询等方面的工作。

6. 摄像与摄影服务

在这项活动中，摄像与摄影起着关键作用，有利于对沙宣新产品的报道。爱德曼于1998年7月8日这一天与摄像人员一起干了个通宵，编辑所有新闻资料及照片，以便在次日发送给媒体。录像资料不仅包括活动现场内容，而且也包括由沙宣赞助的伦敦时装周的内容。这项工作确保了各家电视台获得了有关活动的全部资料。为促进媒体报道起到重要的作用。媒体单位由于获得高质量的资料，因而愿意进行深入报道，编辑较长的电视节目。

7. 媒体报道情况

爱德曼不仅为这次“沙宣再创辉煌，世纪大行动”邀请了来自119家新闻媒体的161位文字记者、摄影记者和电视制作人员，而且还邀请了来自31家外地新闻单位的56位记者到北京参加这次活动，新闻发布会开得异常成功。媒体的有关报道非常踊跃。共有11个省市的电视台作了报道，媒体对由爱德曼编辑合成的新闻资料带的应用极其成功。此外，文字媒体对孟广美的照片和沙宣发型展的照片及沙宣中国特色发型照片都进行了广泛报道。

8. 专业美发师培训及发型展

爱德曼与宝洁品牌业务部及沙宣伦敦创作组人员密切合作，为中国的发型师举办了两次发型培训及发型展，包括现场剪发和染发，许多国内知名的发型师应邀出席，此次发型培训及展示会在发型界引起极大的反响。

9. 晚宴及发型表演

爱德曼公关公司代表沙宣夫妇及宝洁(中国)有限公司邀请了200名社会名流及演艺界人士出席了这次晚宴及发型表演,包括艺术家陈逸飞,世界花样滑冰冠军陈露,流行歌星井冈山、黄格选、杭天琪、艾静、张咪、耿乐、谢雨欣、潘劲东和满江等。再一次利用沙宣夫妇的名人效应唤起了中国的社会名流对沙宣品牌的关注和赞誉。

(本案例获"第四届中国最佳公共关系案例大赛"(1998—1999年)金奖)

【思考题】

1. 本案例中公共关系活动的目标是什么,公共关系活动的公众都有哪些?
2. 本案例中都运用了哪些调查方法,选择了哪些媒介?
3. 本案例中都运用了哪些传播方法?
4. 本案例中取得成功的主要原因是什么?

【案例十七】

国际化公司的本土化

——联合利华公司的中国本土化公关

联合利华公司是世界上最大的跨国公司之一。该公司成立于1930年,由荷兰的尤尼麦格林公司与英国利华兄弟公司组成。早在1932年,联合利华公司就在上海开办了第一家工厂——上海制皂厂,生产"日光牌"香皂。1986年,它重新回到中国投资建厂。1997年以前,联合利华公司每年向中国政府交纳税收5亿元人民币。

为了达到本土化的目的,1998年,联合利华公司针对中国市场酝酿了一系列重大的举措。首先,调整联合利华公司内部的组织结构,中国分公司被提升为一个业务集团,同时把区域性总部从新加坡转移到上海;其次,动用大量资金,准备采取多种形式发展包括"中华牙膏""京华茶叶""老蔡酱油"等多个中国民族品牌;再次,准备对在华的联合利华公司企业进行资产重组,成立一系列控股公司,达到资本优化，提高市场竞争力；最后，组织有才华的中方雇员到海外接受培训，实现本土化管理。在此基础上，联合利华公司认为，在今后一段时间内，运用各种手段，实现由联合利华公司控股的公司在中国上市，其本土化进程才能实现阶段性成功。优化外部环境，为本土化进程铺平道路，成为联合利华公司1998年乃至今后公共关系工作当中不可回避同时也是最为重要的任务。基于强烈的本土化愿望，联合利华公司1998年在中国的各项工作都围绕这一主旨展开。经过详尽的调研分析，联合利华公司针对存在的问题展开了以下公关：

争取政府认同。首先，面对联合利华公司大规模的收购计划，政府主管部门的态度显得十分重要。其次，联合利华公司处在食品及日用工业品行业，并不属于我国政府希望优先注入外资的行业。从这个意义上讲，与我国政府的沟通显得十分必要。另外，当时针对外资或合资企业在华上市的问题，我国还没有明确的政策。为此，解决上述问题，首先要进行政府游说工作，获得政策的支持，即公开表示允许外资控股公司上市。在条件成熟的情况下，允许联合利华公司作为第一批外资控股公司上市。

忍受重组"阵痛"。在准备实施大规模收购计划的同时，联合利华公司准备将在中国的资产进行重组。资产重组必然带来部分企业的关闭以及企业与部分员工提前解除劳动合同，势必带来地方经济利益的损失和人员下岗。在当时的社会条件下，各方面对"下岗"问题十分敏感，一旦处理不当，激化了矛盾，"下岗"问题有可能对联合利华公司的资产重组行使"一票否决权"。

面对舆论压力。在国内，保护国有资产和国有品牌的呼声很高，有些媒体甚至喊出"狼来了"的感叹。其实，联合利华公司的做法实际上是把引进外资与保护国有品牌统一起来，既发展自己，同时也为民族品牌注入新的生命力。但这种做法容易产生误解，需要必要的舆论支持。

转变社会心理。在对待外资的本土化问题上，公众在心理上的接受需要一个相对较长的公共关系过程。在这个层面上，联合利华公司还需做长期、细致的工作。

公关实施：

在1998年6月，联合利华公司的两位总裁同时访问中国。通过这次在联合利华公司的历史上破天荒的举措,再次表明联合利华公司在我国长期投资的信心与诚意,进而通过以下举措完成既定公关目标。

1. 会见

1998 年 6 月 10 日下午,国务院总理朱镕基接见了联合利华公司两位总裁。会谈期间,联合利华公司表达了在中国长期投资的信心,同时就本土化进程中的一些问题与朱总理交换了看法。在早些时候,上海市市长徐匡迪也接见了联合利华公司的两位总裁。借此机会,联合利华公司向徐匡迪市长通报了将总部设在上海,并就联合利华公司资产重组问题与徐市长交换了意见。

2. 宴请

1998 年 6 月 10 日,联合利华公司的两位总裁在人民大会堂宴会厅宴请我国有关政府机构的负责人、中方合作单位代表及社会知名人士。全国人大副委员长王光英、全国政协副主席曹志、中共中央统战部部长刘延东以及国家计委、经贸部、国家工商总局、轻工总局等有关部门领导人出席了盛大的宴会。同时,两位总裁借此机会宴请联合利华公司的退休职工,表达关爱之情。

3. 公益活动

1998 年 6 月 10 日,联合利华公司出资 50 万元人民币,资助 125 名贫困大学生的学习生活费用。这 125 名“联合利华希望之星”来自江西、陕西、云南、湖南和重庆市的三峡库区,每名学生每年获得 4 000 元的资助。

4. 媒体宣传

1998 年 6 月 10 日下午,联合利华公司在人民大会堂河北厅举行新闻发布会。两位总裁及来自北京 34 家新闻单位的 42 名记者出席了新闻发布会。会议期间,两位总裁透露了联合利华公司在我国进一步发展的设想并回答了记者感兴趣的问题。在早些时候,在上海举行了同样内容的新闻发布会,会上着重强调联合利华公司将总部迁往上海的理由,从而获得了上海媒介的认同感。

联合利华公司两位总裁于 1998 年 6 月 10 日,在天安门前与中国少年儿童共同品尝“和路雪”,同时邀请在京主要新闻单位的摄影记者到现场采访。两位总裁以这种轻松、独特的方式“亮相”,巧妙地表达了联合利华公司对中国的友好与亲近,预示着联合利华公司在华实施本土化战略的强烈愿望。当日,联合利华公司两位总裁接受中央电视台“世界经济报道”栏目的专访。利用中央电视台的金牌经济栏目，集中发布联合利华公司的声音，可以系统地阐述联合利华公司在我国发展的长远设想，全面地表达了本土化的意愿，对我国有关方面产生了影响。

（资料来源：《公共关系》，东北财经大学出版社出版）

【思考题】

1. 本案例中的公关活动模式是何类型？在实际应用中应注意什么问题？
2. 你认为营利性组织的公关部除了案例中所述外，还有什么职能？
3. 你认为本案例策划最精彩之处是什么？
4. 怎样理解公关部的“智囊”作用？

第十章　危机公关与商务礼仪

第一节　危机公关

危机公关是指应对危机的有关机制,它具有意外性、聚焦性、破坏性和紧迫性。根据爱德华·伯尼斯定义,危机公关是一项管理功能,通过制定政策及程序来获得公众的谅解和接纳。危机公关具体是指机构或企业为避免或者减轻危机所带来的严重损害和威胁,从而有组织、有计划地学习、制定和实施一系列管理措施和应对策略,包括危机的规避、控制、解决以及危机解决后的复兴等不断学习和适应的动态过程。

这里的危机是指危及组织利益、形象、生存的突发性或灾难性的事件,如重大生产事故、商业危机、劳资纠纷、财务损失、房屋倒塌、食物中毒、交通事故、火灾、水灾、爆炸、污染等。造成这些事件的原因有生产、经营、管理方面带来的,也有操作不当、防范不严、决策失误造成的,还有自然灾害、社会环境变化等客观因素引发的。由于危机常常具有突发性的特点,带来最深刻的负面影响是企业形象受损,公众关系恶化,社会舆论压力,造成组织生存环境的破坏。在这个时候,正确处理危机事件,善于沟通传播,比平时任何时候都重要。

一、危机公关的处理原则

危机发生后,组织必须给予高度重视,遵循公共关系危机处理的原则,以认真负责的态度,及时采取各种措施,消除不良影响,否则将给组织带来无法估计的损失。

1. 态度积极,处理及时

在组织处理公关危机时,无论面对的是何种性质、何种类型、何种起因的事件,企业都应主动承担义务,积极进行处理。即使起因在受害者一方,也应首先消除危机事件所造成的直接危害,以积极的态度去赢得时间,以正确的措施去赢得公众,创造妥善处理危机的良好氛围。积极是赢得时间、争取主动的心理动力。出现了危机,千万不要相互埋怨,或陷入悲观、消极之中,而应抱着认真负责、乐观向前的态度去处理。

在组织进行公关危机处理时,还要注意迅速及时。危机处理的目的在于尽最大努力控制事态的恶化和蔓延,把因危机事件造成的损失减少到最低限度,在最短的时间内重塑或挽回组织原有的良好形象和声誉。为此,危机一旦发生,不仅是公关危机管理小组的成员,而且是组织的全体成员都应立即投入处理工作。组织要迅速分析危机实质,及时开展各项活动,争取在短时间内控制局面。在这个关键时刻,赢得时间就等于赢得了形象,容不得任何拖延。

因此组织在发展中要注意:发现危机问题要及时,调查危机事件要及时,确认危机性质要及时,深入危机公众要及时,控制事态发展要及时,向上级领导部门汇报要及时,与新闻媒介沟通要及时,向相关部门联系援助要及时。

努力积极主动,反应迅速可以将危机的损害减少到最低程度。在这方面,美国强生公司迅速处理药品危机事件的案例确实可称为公共关系史上的典范。作为一家生产药品的企业,最害怕的是自己的药品致人中毒甚至死亡,而这次危机降临到美国强生公司头上,虽然事后查明真相非药品本身造成,但难能可贵的是在突发的危机面前,强生公司具有的现代公共关系意识,公关人员表现出来的镇定自若和反应迅速,为公司从被动走向主动打下了良好的基础,加上及时采取的一系列有效措施,最终奠定了这次危机公关的全面胜利。

及时原则是指危机一旦发生便应该及时给予控制。公关危机的发生一般都很突然,可能会造成一定程度的混乱,给人们的内心带来紧张、恐惧、悲观、失望,各种谣言也很容易流传。如何引导公众舆论,稳定人心,便成为组织处理危机问题的首要任务。在危机发生后,公关人员应该积极协助组织采取应急措施,及时解决处理,注意与新闻媒介取得联系,做好解释和相关报道工作。如果对危机不屑一顾或者不以为然,就会延误处理问题的最佳时机,使危机进一步恶化,让组织蒙受更大的损失。

2. 诚恳坦率,真实传播

真诚是危机公关的前提。处理危机的基本态度是诚恳,对问题是非分明,是自身的责任绝不推诿。在情况尚不明朗时可明确表态:一旦查清责任在组织,一定负责赔偿和消除影响。要做到高姿态,又有理智,不能感情用事,不尊重事实。

另外,在危机事件中,公众特别是受害者除了利益抗争外,还存在强烈的心理怨恨。因此,在处理中组织不仅要解决直接的经济利益问题,而且还要根据人的心理活动特点,采取恰当的策略解决深层次的心里情感关系问题,以弥补、强化组织与公众的情感关系。公众都是有感情需要的人，公众情感是公众理解和支持组织的动力源泉之一。在危机处理过程中，一定要注意公众情感的安抚和引导。

危机发生后，要真诚地与公众进行心理沟通，并主动地与新闻媒介取得联系，及时公开事实真相，绝不能弄虚作假、隐瞒不报，更不能对新闻界的采访设置障碍。诚恳坦率、真实传播才能淡化矛盾，解决冲突，使公关危机“大事化小，小事化了”。

组织在处理危机的过程中，无论是对自身内部的员工，还是对新闻记者、受害者及其家属、上级领导、社会公众等都要一视同仁、实事求是，绝不能隐瞒事实真相。在现实的公关工作中，很多组织虽然出现了不利于自身发展的公共关系危机，但他们也往往抱着“家丑不外扬”的传统观念，有意隐瞒、掩盖事实真相，这都是极其错误的行为。一旦出现危机情况，组织就应该确定一个代表组织向媒体及公众介绍事件真相的发言人，让媒体和公众了解实际情况，理智地对事实做出正确的分析判断，以争取主动，求得公众的谅解和信任。

3. 承担责任，挽回影响

组织在危机发展过程中，面对各种批评、责难和压力，无论如何尖锐、偏激的言论，都不可推卸责任，置公众利益于脑后，拒绝、否认、推脱、辩解都只会“搬起石头砸自己的脚”。冷漠强硬的态度也只能导致矛盾进一步激化，使企业公关危机更加严重。勇于承担责任，认真听取意见，才能挽回影响，渡过难关，恢复形象。

二、危机公关的主要类型

1. 按对象分类

（1）政府危机公关

政府危机公关是指在政府管理国家事务中，突然发生的如地震、流行病、经济波动、恐怖活动等对社会公共生活与社会秩序造成重大损失的事件。在危机发生越来越频繁的今天，一个国家要减少危机的发生，降低危机的损失，提高政府应对危机的效率，必须建立系统的危机管理机制。系统的危机管理包括危机的预防与应对。有效的危机管理机制，能够将政府的危机管理纳入一个有序、规范、条理的轨道中，保证政府在危机发生时能在最短时间内有效调动社会资源，将危机带来的损失减少到最低程度。

（2）企业危机公关

企业危机公关是指企业为避免或者减轻危机所带来的严重损害和威胁，从而有组织、有计划地学习、制定和实施一系列管理措施和应对策略,包括危机的规避、控制、解决以及危机解决后的复兴等不断学习和适应的动态过程。

2. 按媒介分类

(1)传统危机公关

利用传统媒体如平面媒体、电视、广播等对企业相关品牌形象进行公关。

(2)网络危机公关

笼统地说,网络危机公关是指利用互联网对企业的相关品牌形象进行公关。尽可能地避免在搜索企业的相关人物与产品服务时出现负面信息。

经过诸多案例的证实,在 Web 2.0 时代网络已经成为企业危机公关的触发器与放大器:在网络的作用力下,精英媒体时代转向草根媒体时代,来自于网络的企业危机一触即发;随着地球村时代的来临,每个人都是演员,人人都有选择的权利,墙倒众人推,使危机事件不断被扩大。企业必须与专业危机公关机构合作,加强网络媒体监控,以加强自身网络危机公关能力。

互联网的迅速兴起,改变了媒介与受众之间的传播关系,同时也改变了整个传播的话语环境。人们开始注意到,很多新闻事件,都是从网上开始被人炒得很热了,传统媒体才开始介入,而传统媒体的介入,又引起了新一轮的讨论。如此循环,议程设置的掌握者,不再是传统媒体手中的专利。而在以往,这是不太可能的。

现如今是一个互联网高速发展的时代,随着网络的普及以及社会公众对网络的使用越来越频繁,网络对社会的舆论导向,对公共事件的评价都有巨大的影响力,网络已经成为消费者对某一品牌或商品影响、评价的第一来源,而且网络上信息传播迅速,短时间内就能产生巨大的影响力,网络日益成为企业日常公关活动的主阵地。

扩大对外宣传,树立企业品牌。据中国互联网络信息中心(CNNIC)的报告显示,截至 2015 年 6 月底,我国网民规模达到 6.68 亿人,手机网民规模达 5.94 亿人。网络宣传成本相对较低,且针对性强效率高,网络宣传作用日益扩大,对于企业口碑的形成也有重要推动作用。

网络可以扩大企业品牌宣传,也可以对企业形象产生负面影响,如果企业不重视网络的传播作用,对网上关于本企业的一些负面消息不及时做出解释说明,就有可能酿成严重的公关危机,损害企业的对外形象。网络信息传播迅速,任何细小问题都有可能在短时间内变成舆论热点,企业在日常管理经营过程中要时刻关注网络口碑的变化,防止企业经营中一些细小问题或负面报道扩展为大问题或全国新闻,及时消除负面报道,防止事件扩大。

网络公关公司作为互联网发展的产物,大多是在最近几年纷纷涌现,但是不得不说的是,由于市场扩展过快,网络公关公司特别是国内的网络公关行业就显得有一些参差不齐,鱼龙混杂。

三、危机公关的处理程序

危机发生后,会造成公众心理上的紧张、恐惧或愤怒。作为社会组织,应及时调查公布事实真相,才能有效防止谣言传播,清除混乱,取得广大公众的谅解、支持,尽快恢复组织的形象和声誉。如果有意隐瞒和歪曲事实,一旦真相泄露,将会招致更强烈的愤怒和谴责。所以,必须及时、慎重地处理危机事件。

1. 危机管理小组组建或运行

对于已经制定相应危机应急预案的组织机构,当危机事件发生后,确保危机管理小组第一时间运转起来。对于没有相应预案的组织机构,首先要成立危机管理小组,并由本组织的主要负责人出任领导,由公关部门会同各有关职能部门的人员组成有权威性、高效率的工作班子。另外,根据事件的具体情况还可分别设立领导小组、调查小组、接待小组等。

2. 调查与分析

危机发生之后,要保持清醒的头脑,临危不乱、处变不惊,在迅速抢救受害公众和财产损失,减轻危机影响程度的同时,要及时将最新发展情况告诉公众,还要尽快查明危机根源和事件的基本情况,其目的在于:全面了解事件的性质与公司的关系,评估危机事件的后果,为制定危机处理策略提供依据。

调查内容包括危机的性质、种类,发生的时间、地点以及原因,危机的现状,发展的趋势;如何有效控制事件的发展;危机的后果和影响,如人员伤亡、财产损失等情况;本组织受损害的程度和范围,如在经济上、政治上、社会上带来的影响;公共设施受损害的程度和范围,是否涉及其他组织、其他组织受破坏的程度和范围以及其他社会影响等。通过努力,力争将损害和影响控制在最小的范围内。

在调查取证中,应尽量邀请权威机构、中立机构的专家参与,所获得的结论更有说服力,提高信息的可信度,对于减少谣传、寻求传播媒介与公众的理解都有好处。可惜的是,许多组织在危机发生后，往往不能正确对待舆论界、社会公众、行业专家及专业机构的批评建议，总是极力辩解，过分强调所谓的合法性、科学性，试图洗刷罪名，推脱责任，反而给人一种漠视社会利益，有逃脱责任之嫌，容易造成更大的被动。

3. 制定危机应对策略

为了增加组织在公众中的信任度，可采取一些有效的措施和策略，化解矛盾，赢得支持。秉承着不逃避、不沉默的原则，给人以可以信赖的回应，并通过第三方说你想说的话，为下一步的行动做好"准备"。要制定出一整套的策划活动方案，主要是争取其他的公众、社团、权威机构的合作，协助解决危机。

1993 年 6 月，美国著名的饮料公司百事可乐发生罐装饮料中发现注射针头事件。虽然这件事不合逻辑，但新闻媒介报道却让人"宁可信其有"。为了有力澄清事实，百事可乐公司和美国食品与药物管理局密切合作，由该局出面揭穿这是诈骗案，请政府部门主管官员和公司领导共同出现在电视荧屏上，也增加了处理这件事的权威性。

4. 及时公布事件真相

首先，要把事件发生的原因、经过和组织将采取的对策告知全体员工，使他们了解实情，争取同心协力，共同渡过难关。其次，组织要及时向外界公布危机的真相。危机事件发生后，各种传闻、猜测都会发生，新闻媒介也会争相报道，此时隐瞒事实只会引起新闻界的猜测和反感，反而促使他们千方百计、捕风捉影地去从各种渠道挖掘小道消息，这就很容易产生不实或者不利于组织的报道。明智的做法应该是公布事件真相，并公开表明自己的立场和观点，勇于承担错误和责任。

发生危机事件后，组织具体的做法是要立即派人加强与新闻媒介的联系，指派一名负责人作为事件的发言人，由他讲述事件发生的原因和经过，以及组织所采取的和将要采取的补救措施，促使新闻媒介报道正面的消息。

此时要注意统一信息传播口径。对信息如何公布、公布到什么程度、公布的措辞都要进行明确的规定。除了对外宣布，还要为有关方面提供尽可能详尽的书面资料，以争取得到更多的帮助和支持。对企业不便公开的信息应向有关公众进行耐心的解释，争取对方的理解。对危机当事人除了满足其正当要求外，还要进行耐心的宣传劝导工作，以求得他们的合作与支持。

5. 公布处理结果

公关危机的处理,说到底就是在社会公众中重新树立起组织的形象。因此,在处理危机后,组织还应该通过新闻媒介公布事件的经过、处理办法和今后的预防措施。必要时组织还要利用新闻媒介播发致歉广告,以唤起广大公众的同情和理解。

6. 危机的善后工作

危机的善后工作主要是消除危机处理后遗留问题和影响。危机发生后,企业形象受到了影响,公众对企业会非常敏感,要靠一系列危机善后管理工作来挽回影响。

首先,进行危机总结和评估。对危机管理工作进行全面评价,包括对预警系统的组织和工作程序、危机处理计划、危机决策等各方面的评价,要详尽列出危机管理工作中存在的各种问题。其次,对问题进行整顿。多数危机的爆发与企业管理不善有关,通过总结评估提出改正措施,责成有关部门逐项落实,完善危机管理内容。最后,善于寻找机遇。危机给企业制造了另外一种环境,企业管理者要善于利用危机探索经营的新路子,进行重大改革。这样,危机可能会给企业带来机遇。

第二节　危机公关礼仪

一、组织内部公关

镇定自若是处理危机的关键。在危机造成的混乱面前,有时候公关人员内心可能也非常震惊,甚至有些惊慌,但优秀的公共关系人员及组织领导者这时候就要体现出良好的心理素质。

首先,危机发生时,组织负责人应该保持镇静,要处变不惊。面对突如其来的危机,应做到临危不乱,冷静思考,尽快了解危机发生的全部经过,查明有关情况,以防组织内部军心涣散,团队溃败,容易造成公众盲目猜测,最终导致危机上升为更加复杂的状态,甚至发展的无法收拾的局面。

其次,企业应在突发事件后,第一时间对企业的全体人员做出声明,坦白告知事件的来龙去脉,不要隐瞒事实,以免产生流言。员工忙碌于危机事件的第一线,一旦他们对自己的企业产生了怀疑态度或对企业失去信心,不但会出现工作态度萎靡、传播流言蜚语等现象,有时甚至还会出现罢工或集体辞职等严重行为，使企业面临雪上加霜的局面。

企业应设立发言人，对危机事件的传播由企业发言人一个声音向外传播，奖励事故处理中的有功人员，处罚事件责任者，并通告有关各方。

二、组织外部公关

1. 处理好与新闻媒体的关系

组织必须认识到，危机管理是否有效取决于对舆论的引导。社会舆论只能引导，不能控制，更不能使其产生抵触情绪。而要做到这一点的关键是对媒体关系的把握。要以积极、负责的态度面对媒体，在与媒体的合作中有效传播信息，以确保不再引发新的危机。

新闻媒体代表着大众利益，广大公众有权知晓他们认为有必要知晓或传播的信息，在危机过程中，社会组织公开、坦诚的态度和积极主动的配合是处理与新闻媒体关系的关键，这时组织应真诚、坦率地面对媒介，及时向媒介提供危机事件处理过程的最新动态，通过新闻媒介向公众传递危机事件真实、准确的信息，及时向公众传递危机发生的时间、地点、原因、后果及现状等，并表明企业负责到底的态度。让公众了解危机处理的进展和组织采取的措施，掌握舆论主导权。也只有这样，才能取得新闻界的信任和支持，才不会发表猜测性和偏激性的报道，才不会错误地引导公众。

(1)媒介遴选

在新闻发布会记者的选择上，主要从以下几方面进行了管理：首先，选择积极要求采访的记者，这批记者对危机事件与公司均抱以极大的兴趣，准备就此大写特写，这一部分记者是公司要迅速沟通的重点。其次，积极邀请与公司有着长期、良好合作关系的记者。再次，对于外地媒体，要妥善接待，安排邮寄和传真各种资料。

(2)提供敏感问题的标准“问题”与“答案”

在危机期间对于敏感问题的回答至关重要。统一标准答案不仅可以使公司对来自媒体的提问有一个充分的准备，而且保证对外界传递的信息准确无误，以实现信息管理的有效性。迅速开通热线电话。

(3)准备文件资料

提供少而精的资料作为本次新闻发布会的内容，主要包括公司声明、情况简介。

(4)严格的会前演练

处在危机的敏感时期,新闻发布会的成功与否尤为关键,稍有差错,将会给公司带来更大的不利影响。所以之前应反复推敲细节,进行特别演练,保证新闻发布会万无一失。

(5)媒介恳谈会现场特别注意以下问题

外地记者应由专人接待,大报小报、年轻与资深记者一视同仁;对未被邀请而来的记者单独登记,并做到及时沟通,态度热情、诚恳;始终掌握会议主动权,引导媒体舆论。

2. 处理好与受害者的关系

受害者是危机公关中的核心公众,被媒体、政府等所最为关注,是否有效稳定事故受害者直接决定了企业公众关系的管理状况。

危机管理小组应与受害者及其家属进行有效沟通,认真了解受害者情况后,诚恳地向受害者及其家属道歉,并实事求是地承担相应的责任。同时查明原因并通告受害者及其家属,耐心而冷静地听取受害者的意见,包括他们要求赔偿损失的意见。企业要尽可能避免对自己辩护的言辞,同时要保证受害者权益,尽可能提供他们所需要的服务,尽量满足他们的需求,努力做好善后工作。

在整个危机处理过程中,对受害者一方,企业要一直贯彻人性化原则,给予其心理上的温暖,无论最后的结果如何,受害者一方对于企业的印象要保证是良好的,这也会对社会各界的受众舆论起引导作用。如受害者没有得到良好的安抚,企业采取了不理睬或不积极弥补其损失的态度,会激起受害者乃至整个社会群众的不满情绪,企业形象在整个社会中便会一落千丈。

3. 处理好与上级领导及行政主管部门的关系

危机事件发生后,应以最快的速度向企业的直属上级部门实事求是地报告,不能隐瞒或假报,在事件处理过程中也要保证政府或其他相关部门的第一知情权,争取他们的援助、支持与关注。

在危机事件的处理过程中,应定期汇报事态发展的状况,求得上级领导及相关权威机构的指导。还应根据具体情况,分别对与事件有关的交通、公安、市政、友邻单位等公众采取适当的传播对策,通报情况,回答咨询,巡回解释,调动各方面的力量,协助企业尽快渡过危机,使企业形象的损害控制在最低限度。危机事件处理完毕后,应向上级领导详细报告处理的经过、解决方法、事件发生的原因等情况,并提出今后的预防计划和措施。

4. 处理好与消费者的关系

危机发生后，企业要迅速查明和判断消费者的类型、特征、数量、分布等。以尊重消费者权益为前提，制定相应的公关对策和措施。一方面热情接待消费者团体的代表，听取他们的意见和愿望，回答他们的询问、质询；另一方面，要做到不隐瞒真相，及时与消费者进行沟通、磋商并通过不同的传播渠道向外界公布与消费者达成的一致意见或处理办法。

心理学的研究表明，人的需要是多方面的，除了物质的要求外，精神上的需要也是不可缺少的部分，人际间的尊重和理解便是其中之一。所以通常一声“请”“谢谢”“对不起”或一个温暖的微笑，都会使人“心满意足”，甚至化干戈为玉帛。在听取意见时，公关人员也应该态度谦和，让公众尽量倾吐心中的不满、郁闷，宣泄心中的痛苦，最大限度地平衡自己与公众的利益。切忌傲慢无理，态度冷淡，没有同情心，这无助于问题的解决，只会引发更大的冲突。

【案例十八】

取缔余额宝风波

2014 年 2 月 21 日，央视证券资讯频道执行总编辑兼首席新闻评论员钮文新发博文《取缔余额宝！》称：“余额宝是趴在银行身上的‘吸血鬼’，典型的‘金融寄生虫’。”

钮文新认为，余额宝冲击的是整个中国的经济安全。因为，当余额宝和其前端的货币基金将 2% 的收益放入自己兜里，而将 4% 到 6% 的收益分给成千上万的余额宝客户的时候，整个中国实体经济，也就是最终的贷款客户将成为这一成本的最终买单人。

对此，网友纷纷予以驳斥，网友康宁 1984：“钮文新错在高估了余额宝的破坏力，低估了银行体系的适应能力。余额宝只是一条金融系统中的鲶鱼而已，尽管由于第三方支付做个人金融业务处于三不管地界，仍然只是短期的监管套利，并没有在总量上影响到国家金融体系安全，更何况从近来腾讯微信给予支付宝的压力看，互联网公司同样不能免于被互联网颠覆的风险，没有必要急于对这些尚未深入金融市场的创新做出严格限制。”

2 月 22 日凌晨，支付宝官方发长微博《记一个难忘的周末》幽默回应。支付宝则表示,余额宝加上增利宝,一年的管理费是0.3%,托管费是0.08%,销售服务费是0.25%,利润只为0.63%,除此之外再无费用。并对"吸血鬼"一说加以调侃称:"老师您能别逗了吗?我查了下,2013年上半年,16家国内上市银行净利润总额达到6 191.7亿元人民币,全年起码翻一番,12 000亿元吧?"

2月22日,阿里小微金融服务集团首席战略官舒明称:"即使与总规模约10万亿元的银行理财产品相比,货币市场基金也不到其总规模的十分之一。很难想象,规模如此之小的货币市场基金会对市场整体利率水平产生巨大的影响,会'严重干扰利率市场'。"

2月23日下午,《证券时报》记者对钮文新进行独家专访,他回应称:"我质疑的不是余额宝,而是类似于余额宝的这样一种商业模式。"钮文新认为,在判断对错之前,首先应该具备一个正义的、全社会的立场,而不是所谓狭义的"提高了老百姓收益"的问题。如果在商品市场或股票市场中出现类似的操纵行为,那无疑会得到几乎一致的指责,监管层也会迅速干涉。钮文新说:"现在商业银行也在做类似的事,但这都是被逼无奈的。银行不这样做是'等死',做了可能是'找死'。银行才是'钱'的最终经营者,因为有贷款在经营链条上,各种风险都包含其中。所以可以说,余额宝这样的模式是一种'金融寄生虫'。"

【思考题】 支付宝处理此次危机时,运用了哪些危机处理原则?

【案例十九】

"海底捞勾兑门"事件

2011年8月22日《信报》报道《记者卧底"海底捞"·揭秘》,直指骨汤勾兑、产品不称重、服务员偷吃等问题,引起社会轩然大波,一直以来人类无法"阻止"的海底捞,终于遇到了一个大坑。

2011年8月22日15:02,海底捞官网及官方微博发出《关于媒体报道事件的说明》,声明语气诚恳,承认勾兑事实及其他存在的问题,感谢媒体监督,并对勾兑问题进行客观澄清。此微博被转发1 809次,评论690条,用户基本接受海底捞的态度。

2011 年 8 月 22 日 16:18,海底捞官网及官方微博发出《海底捞关于食品添加剂公示备案情况的通报》,笔锋更加诚恳,“多年厚爱”“诚惶诚恐”之类的词语都被使用。

2011 年 8 月 23 日 12:00,海底捞官网及官方微博发出《海底捞就顾客和媒体等各界关心问题的说明》就勾兑问题及员工采访问题进行重点解释。

2011 年 8 月 23 日 20:00,海底捞掌门人张勇的一篇微博,个人认为尤为经典,在这里转载一下:

“菜品不称重、偷吃等根源在流程落实不到位,我还要难过地告诉大家我从未真正杜绝这些现象。责任在管理不在青岛店,我不会因此次危机发生后追查责任,我已派心理辅导师到青岛以防该店员工压力太大。对饮料和白味汤底的合法性我给予充分保证,虽不敢承诺每一个单元的农产品都先检验再上桌但责任一定该我承担。”

此篇微博瞬间转发近 4 000 次,评论 1 500 条,在如今遇事自保、互相推诿、丢车保帅的职场中,张勇的敢担当,人情味十足,与当时的“高铁事件”部分领导的做法形成鲜明对比。张勇的人格魅力化解掉此次事件 80% 的危机。

随后,海底捞邀请媒体记者全程记录骨汤勾兑过程,视频、照片瞬间布满网络,事件就此暂时画上圆满句号。

【思考题】 回顾海底捞事件,成功危机公关需要具备什么特点?

第十一章　对外开放参观与商务礼仪

对外开放参观是一种特殊的“企业公开展览”和“企业广告”，它能够有效地提高企业经营管理的透明度，消除企业与社区的隔阂，增进外界对企业的了解，培养公众对企业的情感，形成友善与好客的良好气氛。搞好对外开放参观的接待活动，是企业公共关系的一项重要工作。

第一节　对外开放参观

一、对外开放参观概述

对外开放参观是指将组织内部有关的场所或工作程序对外开放，请有关公众或公众代表参观。这种活动有助于增加公众对组织的了解，消除误会，联络感情。20 世纪 60 年代，英国化学工业联合会首创了这种活动方式，取得了良好的效果，以后被广泛采用。

企业或组织为了让公众更好地了解自己，通常由公共关系部门负责组织一些对外开放参观活动。在这些开放参观活动中，各级政府部门人员、企业的家属、新闻工作者，社区居民、学校师生和其他对企业感兴趣的公众等，可以到企业参观和考察。企业可以利用这些机会向公众进行宣传，以争取公众的理解和支持，改善与社区的关系。

二、对外开放参观类型

按照形式的不同，对外开放参观可以分为两种，一种是组织按照一定的时间和参观范围对社会公众开放，有时对公众的范围进行选择，有时完全不加限制；另一种是组织对固定的代表团进行开放，属于接待的性质。

1. 接待松散型公众

(1)分析开放的必要性，明确开放组织的目的；

(2)做好准备工作，如规划参观路线、组织表演、保持卫生、收集文字资料和制作标语；

(3)热情接待，赠送一些纪念品作为永久留念；

(4)安排领导人接待公众；

(5)做好安全保卫工作；

(6)设立群众接待处，做好来访登记工作，并请留下宝贵意见。

2. 接待公众代表团

代表团一般人数较少，除了上述有关问题外，还要做好以下工作：

(1)做好代表的邀请工作，登记代表姓名、人数、年龄、职业、地位、生活习惯等；

(2)安排迎送，规划路线、时间及使用的车辆情况；

(3)组织好参观活动；

(4)适当赠送礼品。

三、对外开放参观组织程序

1. 明确参观活动的目的和主题

通过参观活动要达到的目的一般包括四个方面：①展示自己的优良工作环境，让更多的公众了解并宣传自己，树立良好的组织形象；②融洽组织与公众的关系，联络感情，为创造良好的社会效益和经济效益打下基础；③消除和澄清组织原来造成的误解和隔阂，重塑组织良好形象；④组织具有良好的美誉度，经过有关方面主动要求参观，组织予以介绍并推广经验，进一步扩大自己的影响力。

任何一个组织的对外开放参观活动，都应根据目的来确立一个明确的主题，即开放参观活动强调和突出的中心是什么，通过这次活动要给公众留下怎样的印象，取得怎样的社会效益。主题可以是多方面的，如组织的存在、组织的贡献、组织的独特成就等。根据组织的主题来策划和实施，才能给参观者留下深刻的印象。

2. 安排好参观活动的时间和路线

参观活动的时间最好安排在组织的一些具有特殊意义的日子，例如，组织开业庆典、周年纪念日之前等，尽量避开假期和节日期间，并且要考虑季节和气候因素。要留有足够的时间做好准备工作，较大规模的开放性参观活动一般需要三到六个月的准备时间，更大规模的或极为特殊的参观活动则需要更多时间做准备。

参观路线应该提前安排好，并有醒目的标志指引，以防参观者越出参观范围而出现意外事故或造成不必要的麻烦，当然这样做也是为了防止组织的秘密泄露和保障工作秩序的正常进行。

3. 选择开放参观的接待对象

社会组织对外开放参观的接待对象一般包括以下几类，组织要根据目的、需要进行选择：

(1) 组织内部成员及家属；

(2) 营业团体、原料提供者、生产厂家、经销商等；

(3) 投资者或股东以及金融机构；

(4) 政府部门、各级领导、主管单位、政府职能机构；

(5) 社会知名人士、舆论领袖、学者专家、各界名人等；

(6) 各种慈善组织和社会福利团体；

(7) 国际友人、外商等。

4. 成立机构和安排参观活动的程序

从有开放参观的构想起一直到活动的结束，都应有高层主管人员参与其中。组织大型的参观活动，最好成立一个专门的活动筹备委员会。委员会成员应包括企业领导、公关人员、行政和人事部门人员等。还要根据参观的不同目的，选择不同的人参加，如果参观的目的是强调服务或产品，还要请销售部门人员参加。

参观活动的程序安排，包括从几点钟开始，一次接待多少人，是否用车接送，有什么人出面接待和陪同，参观前除了发放宣传资料是否还要看录像、幻灯片或电脑资料，在什么地方设立路标，有无休息，是否需要茶水饮料，是否合影留念和发放纪念品等这些都需要精心安排，认真准备。

第二节　对外开放参观礼仪

一、突出参观内容

企业开放参观的内容一般有企业的展览室，生产设备和工艺流程，厂区环境，员工的教育、培训设施，以及企业的服务、娱乐、福利、卫生等设施。开放参观的具体内容要视参观者的需要和兴趣而定，努力给参观者留下良好印象。例如，让参观者认识到该组织的先进设备、精良技术、杰出人才及高效率的生产经营；组织正确的方针、宗旨；组织优良的生产经营环境和完善的职工福利设施；组织良好的产品或服务信誉以及显著的经营成果等。

开放参观以目击为主，并作必要的介绍和解释，但要注意不要口若悬河，滔滔不绝，以免使人产生逆反心理，造成宣传气氛太浓或强加于人的感觉。

二、做好宣传工作

做好宣传工作是搞好开放参观活动的重要环节之一。应该事先印制一些有关的宣传资料，如一份简单易懂的说明书，参观前发给参观者；还可以放映电影、录像或幻灯片进行介绍，帮助参观者了解企业的概况，以便于他们有目标地进行参观。参观过程中，向导应向参观者做进一步解说和回答，最后将参观者分成每组十人以内的若干小组，这样既便于组织，又能使参观者听清讲解。除此之外，宣传部门还可以编制登载有企业某些资料的纪念册，参观结束时发给参观者，使活动能产生持久的效果，这些小册子通过参观者之手转送未能亲自参观的人，还能成为十分有用的传播媒介。

三、安排服务接待

开放参观活动应有专门的接待人员负责登记、讲解、向导等工作。对于交通、饮食、休息、娱乐、医疗、咨询等一系列安排，都要考虑细致周到，明确分工。有关部门负责人必要时要亲自出场热情迎送参观者，介绍本组织情况，感谢来宾光临。

对参观者应热情周到地做好接待工作，如安排合适的休息场所和备好茶水饮料；需要招待用餐的，也要事先做好安排；如果邀请的对象有儿童，更要特别小心，要准备点心、休息场所、必要的盥洗设备等，也可送一些印有介绍组织材料的玩具。

随着我国对内对外改革开放的深入，组织的开放参观活动将会日益增多，且越来越受到各级单位领导的重视。应该明确，对外开放参观活动不仅仅是公关部门的责任，也是组织内全体员工的责任，要让员工了解开放参观的有关情况，让员工们感到自己也有款待客人的责任，以使客人感到满意。

【案例二十】

英国化工企业联合会的“开放日活动”

化学工业是英国最为成功的产业之一,每年为英国带来大笔的贸易顺差,并为几十万人提供就业机会,尤其是那些失业率比较高的地区。

化工业为其他产业和现代社会提供了必不可少的产品。但社会公众却并不熟悉这个行业,而且存在着种种误解,评价也很差。1985年,英国市场和舆论调查国际公司的有关调查表明:全英人口中只有十分之一的人对化学工业有一定的了解,而这些人中对化工行业有好感的人只有29%。

1986年是国际工业年,这为化工企业宣传自己提供了难得的机会。为了改变公众对自己的片面认识,赢得所在社区公众对自己的支持,代表英国化工企业的行业协会——英国化工企业联合会在深入调查的基础上,策划了一系列的公关活动,其中之一就是全英化工企业的“开放日”活动。

“开放日”这种活动,过去曾有少数化工企业做过,但全国范围内的类似活动则是第一次。

联合会策划这一活动的指导思想是:这一活动会促进社区公众对化工企业的熟悉和好感,如果同时举行则显得很有气势,最终会面向广大社会公众,尤其是向那些对化工行业持批评态度的人表明,化工企业无需向公众隐瞒什么。那种认为化工企业是危险神秘行当的看法,是毫无根据的,相反化学工业是造福于人类的。

刚策划活动的时候,企业对此并不很热心。这是怎么回事?经了解,原来是许多企业的领导对这次活动的举办心存疑虑。他们担心如此规模的活动是否会出现事故,是否会引起某些重要人士的反对而引来麻烦,是否允许儿童参观,是否要告知新闻媒介,等等。

为了消除企业经理们的疑虑并回答他们所关心的问题,联合会专门编辑了一份对开放日活动有详尽说明的通知,发给企业经理们,并聘请了一位退休的高级化工工程师作为开放日活动的技术顾问,前往指导各个开放点的活动。

联合会还专门为企业经理组织了小型的研讨会,以便向他们介绍活动的具体要求,探讨活动安排的每一个细节。

联合会鼓励各企业运用各种手段搞好这个活动，并协助各企业做了大量的宣传工作。联合会强调，企业无论大小，均欢迎参加这个全国性的活动。

与此同时，联合会及时向新闻界沟通情况以便保持交流的畅通。

开放日之前的一个月，联合会就把有关此次活动的新闻发布会分别安排在格拉斯哥、利物浦、利兹和伦敦等大城市举行，通过高频度的新闻报道，社会公众对这个活动产生了很大的兴趣。

此外，联合会通过当地电视台，播出了14个宣传此次活动的节目。地方电台和报纸的相关报道更多。总体来看，各媒体的反应是良好的。

由于声势浩大，社会反响强烈，使许多原本不打算参加此次活动的企业改变了主意。联合会原来计划在全国开设50个点，但实际上在开放日实施的那一天有120多家企业参与了这个活动。

开放日那一天，阳光明媚，从全国各地到开放点的人络绎不绝，有的点接待的参观者超过2万人。各企业尤其欢迎员工的亲朋好友、家庭成员来参观。当地社区领袖和舆论领袖也特别受欢迎。

与其他成功的开放日一样，这次活动并未十分强调教育公众，而是寓教于乐。

各开放点的企业除了设置丰富多彩的展馆供参观外，还向他们介绍了化工产品的生产情况、企业的安全防范措施，甚至还准备了一些余兴节目，安排了儿童娱乐区和茶点供大家游玩和休息。

在开放日准备和举行的整个过程中，联合会和各企业特别注意、强调以坦诚、公开的态度与公众进行交流。各个开放点所使用的宣传品，力求用朴实的语言探讨化工产品安全生产与运输、环境保护等公众普遍关心的问题，陪同参观的企业管理人员则热情向大家介绍展馆的各种情况，联合会制作的录像片《社区中的化工产品》内容深入浅出，受到大家欢迎，也被许多开放点的企业所采用。

联合会的精心策划和组织，加上企业以主人公的姿态积极参与，使得开放日获得巨大成功。一家著名的化工杂志还为参展企业赞助了奖品。

这次活动在很大程度上消除了社会公众对化工企业的疑虑和恐惧心理，对化工企业的态度有了明显好转。

通过这次活动，很多企业也感受到有必要多同社会公众交流沟通有关企业发展方面的重要问题。他们希望以后还参加类似的活动。

值得一提的是,英国化工企业联合会为这次活动安排的调研和宣传费用只有1.5万英镑,另有5千英镑用于拍摄开放日当天的盛况。经费有限,在选择媒体时他们只利用全国和部分地方的媒体来做新闻宣传,尤其是广播电视的报道比较多。所有的钱都用在了刀刃上,收到了很好的效果。不得不佩服他们的资金运作能力。

(资料来源:胡建辉、邓淑娜,《新编公关实例》,西南师范大学出版社出版)

【思考题】

1. 此次组织参观企业的目的有哪些?
2. 通过组织这次参观企业是否实现了预期的目标?
3. 此次参观活动有哪些创新之处?

【案例二十一】

《成都商报》"直通车工厂"活动

一、市场概述

多年来,汽车的营销手段逐渐模式化和同质化。缺少新意,难以引起消费者更大的购车热情。能不能把消费者直接拉到汽车生产线上去选车、订车?这是《成都商报》的突发灵感和创意。

《成都商报》"直通车工厂"活动开创性地提出一种全新的汽车厂商与消费者的沟通模式,希望彻底解决厂商和消费者沟通脱节的问题,为双方创造直接对话的机会。而且,利用这样的活动可以加强消费者对厂家的认识,同时直接或间接拉动汽车销售。我们希望组成一个浩浩荡荡的消费者参观团走进国内各大汽车生产厂,甚至世界各地汽车工厂。

二、推广目标

通过《成都商报》"直通车工厂"活动,为汽车企业和消费者创造更多的沟通机会。使消费者更深入地了解到汽车生产厂家的企业文化和现代化生产工艺,进而增强对汽车厂家的认识和信任;而汽车生产厂家也通过活动真正掌握消费者最直接的需求，拉动汽车销售。

《成都商报》借助“直通车工厂”活动，真正成为汽车厂家和消费者之间的桥梁，使报纸媒介在汽车业界的影响力和号召力大为提升，从而强力拉动了厂商的汽车广告的投放，增加了汽车广告方面的收入。

三、创意策略

《成都商报》“直通车工厂”活动要达到一鸣惊人的目的，进行了这样的创意策划：

1. 前期预热工作。首先，在报纸上刊登读者调查问卷，了解消费者在购车前最希望看到什么，最希望了解什么？

2. 在调查结果的基础上，强势推出“直通车工厂”的概念，把消费者希望到生产线上参观和订车的意愿明白准确地表达出来，引起消费者和厂家的共鸣。同时借助文体界名人效应，提高活动的档次和影响力。

3. 对首期开展的直通车工厂进行大量渲染和报道，引起广大汽车厂家的关注和消费者的浓厚兴趣。

4. 逐步增加“直通车工厂”的汽车厂家，打造“直通车工厂”品牌，策划推出“直通车工厂”活动，使“直通车工厂”活动的影响力和号召力得到最大限度的提高。

四、推广策略及执行手段

1. 确定南京菲亚特、上汽奇瑞作为首批“直通车工厂”活动的地点，在《成都商报》上公布报名热线，公开征集消费者加入参观团。同时，借助马明宇、黎明、刘德华等名人对“直通车工厂”活动的积极评价，迅速提高直通车工厂活动的社会影响力。

2. 对首期“直通车工厂”活动进行现场报道，对成都出发仪式、现场活动、生产线购车第一人的产生等进行细致描述，吸引社会关注。

3. 通过首期活动的渲染报道，吸引更多的汽车厂家参与进来，使“直通车工厂”活动在全国汽车业界的影响力和号召力进一步提高。

五、投放策略

1. 在此次活动中，《成都商报》投入约150个专版进行报道。

2. 与本地经销商及汽车厂家确定，“直通车工厂”活动所产生的交通费、住宿费及厂家现场活动费均由厂商支付，《成都商报》负责组织宣传，不承担相关费用。

《成都商报》先后组织了“直通车上海通用”“直通车上海大众”等多次活动，收到消费者报名电话15 000余次，先后共有上千名幸运者走进汽车工厂。其中，“直通英国路虎工厂”更成为成都车市的一大焦点，为了得到两个前往英国的机会，《成都商报》的热线电话几乎爆棚。“直通车工厂”活动的社会影响力可见一斑。

以“直通上汽奇瑞”为例，数十位消费者前往芜湖奇瑞公司，得到了包括奇瑞总经理和销售公司总经理的亲自接待，这些消费者在活动现场及返蓉后，90%购买了奇瑞轿车。为汽车厂家带来了巨大的商机和众多潜在客户。

“直通车工厂”已经成为《成都商报》的一块金字招牌，目前北京现代、东风日产等正在与报社接洽“直通车工厂”合作事宜。同时“直通车工厂”活动带来的广告增量也非常明显，2004年先后有10家汽车厂商参与了该活动，该项活动已取得的直接汽车广告收入达到了近300万元。

该活动已得到了汽车厂商的高度认同，后续的合作正在持续开展之中，具有很强的延续性和可操作性，经营价值非常可观。

（资料来源：《成都商报》）

【思考题】

1. 请指出此次活动的准备工作有哪些？

2. 这次对外部公众的体验营销给企业带来哪些收获？

附录　典型公关活动方案

附录1　庆典活动方案

第三届中国·广西梧州宝石节活动策划方案

一、时间

2006年10月9日—19日

二、地点

中国广西梧州

三、主办与承办单位

主办单位:中国宝石协会,梧州市人民政府

承办单位:梧州市人民政府

四、背景分析

梧州宝石产业起步于20世纪80年代初,目前梧州注册经营人工宝石的企业有250多家,从事宝石加工业的人员超过10万人,年加工宝石超过60亿粒,人工宝石产量已占中国总产量的80%,全世界总产量的40%。来自意大利、墨西哥、俄罗斯、沙特阿拉伯、泰国,以及我国香港和台湾等地区的客商在梧州设厂或设立收购点。梧州所生产的人工宝石款式有上万种,不时出现在世界各地著名的珠宝展上,人工宝石从原来的来料加工发展到产品直销至世界各地参与国际市场竞争。2004年,梧州市建立了中国第一个人工宝石检测中心,梧州已成为世界上最大的人造宝石加工基地和交易集散地,堪称"宝石之都"。

梧州市政府坚持立足广西,放眼世界,致力在中国市场上做大做强的前提下,吸引更多外资共同发展宝石产业,达到共赢的目的。从2004年开始,梧州市连续两年成功举办了两届国际宝石节,宝石节期间签订的相关项目就超过28亿元人民币,其中第二届开幕式当日签约便达到16亿元。2006年10月这个金秋季节我们又迎来了第三届梧州国际宝石节。

五、宝石节口号

璀璨明珠，宝石之都

六、宝石节徽

整个造型隐约像一个火炬，承托火焰是一颗大钻石，钻石图形寓意宝石行业，飘动飞逸的三彩条图形包含三江汇流之意，寓意梧州。整体造型动感，寓意梧州的腾飞。

七、日程安排

内容	时间	地点
嘉宾报到	10 月 9 日周一 13:00—22:00	宝石节特约酒店会议厅
开幕式	10 月 10 日周二 9:30—10:30	宝石城侧门广场
招商引资项目洽谈	10 月 10 日周二 14:00—17:00	宝石节特约酒店会议厅
招待晚宴	10 月 10 日周二 17:00—19:00	江滨大酒店宴会厅
宝石丽人电视大赛	10 月 10 日周二 20:00—22:30	梧州电视台演出大厅
宝石丽人宝石车巡游	10 月 11 日周三 10:30—12:00	宝石城对开路口，西环路，新兴三路，西江大桥，西堤三路，鸳江大桥，中山路，南环路，桂江一桥，文澜路，新兴一路，新兴二路，市政府
招商引资项目签约仪式	10 月 11 日周三 14:00—17:00	江滨大酒店一楼多功能厅
宝石服饰文化展览活动	10 月 10 日周二上午—10 月 19 日	宝石城 1 ~ 3 楼
宝石首饰展览	10 月 10 日周二上午—10 月 19 日	宝石城 1 ~ 3 楼
旅游美食嘉年华	10 月 10 日周二下午—10 月 19 日	骑楼城
文艺晚会暨闭幕式	10 月 19 日 20:00—23:00	市政府广场

八、项目与人员安排

成立宝石节组委会，下设多个部门。

嘉宾报到:公关部、组委会秘书处。

招商引资项目洽谈及签约仪式:组委会秘书处、宣传部、法律咨询部负责。

开幕式:宝石节组委会公关部、文艺部、外联部、工程部、美工部负责。

招待晚宴:组委会秘书处、外联部、公关部、保安部负责。

宝石丽人电视大赛、宝石丽人宝石车巡游:梧州市委宣传部、梧州市广播电视局负责。

宝石首饰展览展销及宝石服饰文化活动:筹委会、展览部、工程部负责。

旅游美食嘉年华活动:梧州饮食协会负责。

文艺晚会暨闭幕式:筹委会、外联部、公关部、文艺部、保安部、美工部、工程部负责。

物品调度:后勤部全部负责。

以上各部门在宝石节组委会的整体协调下多联系沟通,共同完成任务。

九、实施步骤

(一)前期准备

1.10 月 4 日落实好场地,选定仪式背景板图样方案,拟定嘉宾讲话稿,确定主持人及主持人讲话稿、节目安排、礼仪人员,划定开幕式当天增加的临时停车点。

2.确定开幕式的领导名单:广西区政府书记,梧州市市长,中国宝玉石协会会长、副会长,梧州宝玉石分会会长。

3.确定开幕式媒体:广西电视台、广西卫视、梧州电视台;《广西日报》《梧州日报》及《新华日报》驻广西记者站。

4.10 月 6 日布置场地。场地布置方案:

(1)广场正中前方设置舞台 $8\ m\times4\ m=32\ m^2$,背景板 $8\ m\times4\ m=32m^2$;上面文字为"第三届梧州国际宝石节",中文下方为英文"THE 3TH WU ZHOU INTERNATIONAL JEWEL FESTIVAL";引文下方正中为宝石节会徽,左下方标注主办单位、承办单位、协办单位。背景板底色为淡黄色,字体为蓝色。舞台全部铺设红地毯。

(2)贵宾席距舞台 2 m,横桌上铺设红丝绸,一排 12 个座位标明贵宾姓名,贵宾席后设普通席 12 人/排 ×20 排。

(3)会场入口设置签到处,铺红色台布,摆放签到簿及宝蓝色名片赐赠篮。

(4)会场入口摆放气拱门一个,红底黄字"第三届梧州国际宝石节开幕节典礼",四周悬挂 10 个以上高空气球。宝石城主楼悬挂红色条幅,花篮共 20 个。

5. 嘉宾礼品准备:一套三件装,包括镶宝石的杭州真丝丝巾一条,标签注明宝石节节徽,925 纯银制造;上面有节徽标志的领带夹、徽章各一枚。

6. 其他:所有工作人员统一着装,同时佩戴统一印制的胸卡。

7. 宝石节各分项目在规定日期由各部门完成准备工作。

(二)活动进行

整个宝石节由开幕式拉开帷幕。

工作人员穿着制服,礼仪人员身着白色旗袍,身披黄色绸带,主持人穿着礼服,模特穿着指定服装 8:30 到场。各部门对场地做最后调试。

9:00 嘉宾开始进场,签到处签到同时得到筹委会准备的礼品,接着由礼仪人员为其佩带胸花,并带领入座。

9:30 开幕式正式开始,由梧州市市长和筹委会主任向嘉宾致欢迎辞。

9:40 由广西区政府书记代表来宾讲话。

9:50 由梧州市长,宝石协会会长,梧州分会会长、副会长四位各持一大杯宝石,向舞台中心的宝石盆倾倒,利用重力作用积压开关,另一侧大宝石灯点亮,主持人旁白:"大宝石灯点亮表示宝石节开幕。"

10:00—10:30 文艺表演。模特展示宝石首饰,主持人宣布宝石首饰展览展销活动开始;模特展示宝石服饰,主持人宣布宝石服饰活动开始。

10:30 主持人宣布开幕式结束。提示嘉宾按照既定日期参加宝石节其他活动项目。

十、传播途径

(一)前期宣传

1. 宝石节前三个月向相关企业寄出邀请函及招商说明。

2. 宝石节前一个月在媒体刊登宣传广告:《广西日报》《梧州日报》刊登头版 16 开广告。

3. 向《中国经济周刊》及相关报纸杂志投放公关软文。

4. 宝石节前一个月印制宝石节专刊并向相关企业团体发放。

5. 在宝石节网站做宣传。

(二)中期宣传

1. 梧州电视台、梧州有线电视台对宝石节进行全程报道。

2. 广西卫视、广西电视台作经常性报道。

3. 投稿中央电视台以及其他省级媒体。

4. 继续在专门网站做全程图片、文字、视频报道。

（三）后期宣传

继续以新闻稿件的形式向网站及媒体发放。

十一、经费预算

项　　目	金额/万元
场地费用	3
物资费用	8
礼仪及工作人员费用	5
宣传费用	18
项目开支	7
餐饮等费用	7
劳务费用	3
不可预算的费用	5
合计	56

十二、效果评估

1. 活动实际参加人数不少于 5 万人次。

2. 媒介对活动的相关报道不少于 40 篇次。

3. 活动信息覆盖率占本地区人口 50% 以上。

4. 活动现场执行情况不发生明显失误。

5. 活动经费严格控制在预算范围内。

6. 活动后参与企业知名度提升 × ×% 以上。

7. 活动后参与企业美誉度提升 × ×% 以上。

附录2　赞助活动方案

2006年黑龙江使者活动赞助建议书

一、前言

黑龙江使者活动作为国家重点项目活动，于2005年开展了第一期，获得了很大的成功。黑龙江是世界三大自由流淌的河流之一，长4 444千米，直接注入太平洋。黑龙江流域有130多种淡水鱼，拥有极其丰富多样的陆地湿地和森林生态系统，有大批的候鸟迁徙，河流及其支流养育了两岸人民。但如今却面临着人口增多、污染加重、资源减少及其他破坏的危险，松花江水质的污染事件将世界的眼光聚集在这里。

世界自然基金会倡导了去年“携手保护黑龙江绿色带”的活动，而今年我们把焦点转向“水资源保护和合理利用”方面。大学生作为活动的主体，具有极大的热情、极强的创造力和宣传力。他们是先进环境文化的播种机，社会信息的收割机，社会进步和环境改善的助进器。

作为公司，首先，我们有环境保护的责任；其次，环境是人民最关注的事情之一，同时也是高尚的事业。投资和赞助环境事业，将大大提高贵公司的形象。而此次活动是东北地区最为大型的学生活动之一，其影响力和宣传效果非一般所能比。相信贵公司不会轻易放弃此次良好的机会。

二、市场分析

1. 同电视、报刊等传媒相比，用活动作媒介，在学校进行宣传，具有良好的性价比，可用最少的资金做最好的宣传。

2. 本次活动将在黑龙江、吉林、内蒙古、北京展开，至少十二所学校参与竞标活动，单这些学校的学生就有近二十万人，具有广泛的市场潜力。

3. 本次活动中能够进行集中宣传的有启动仪式、培训会、新闻发布会、“6·5世界环境日”宣传活动、考察活动、东北大学生绿色营、“十一中俄大学生友好交流会”。这些活动，从校内到社会上，直接参与人员一千多人，宣传覆盖范围将超过十万人。

4. 活动拟邀请媒体报道，将邀请至少两家国家级媒体，两家省级媒体，五家地方媒体，而且极有可能邀请到更多的媒体参与报道。

5. 互联网宣传方面。我国现有网民 1 亿多人，而且数目还在不断增加。此次活动报道的网站中不乏像搜狐、新浪这样的门户网站，宣传度非常可观。

6. 此次活动的隆重性。此项目是国家级项目，有世界自然基金会的支持，与俄罗斯、蒙古的活动共同构成了整个保护黑龙江的活动，它得到了很多政府部门包括林业厅、团省委、环保局、水利局、森工局等的支持，并得到更多的地方政府，如林业局、自然保护区的支持。

7. 大幅度自我活动宣传。6 月 5 日十几所高校联动进行宣传活动，活动完成后黑龙江、吉林等十几所高校将进行活动展板联展，并将出版相关书籍和报纸进行宣传。

三、活动介绍

（一）目的

1. 通过大学生在黑龙江全流域（包括松花江、嫩江、额尔古纳河及其支流流域）的实地考察活动，了解黑龙江流域水资源的分布和利用现状，了解流域内水环境破坏状况（包括水污染和缺水现象、河流或者湖泊的生态状况、水土流失、水生生物现状、水坝危害），探究影响水环境的各种因素，思考如何减弱或者消除这些不利因素。

2. 通过大学生在校园、城镇、社区和走进考察地的全方位环境保护宣传，引起社会各界对黑龙江流域水质问题的关注，唤起东北地区人们保护水环境、珍惜水资源的思想意识。

3. 充分利用 2005 年“携手保护黑龙江绿色带”的活动成果，解决去年的项目队已经发现的当地存在的各种各样的生态问题。

（二）组织机构

主办单位：世界自然基金会、绿色龙江环境保护协会、黑龙江使者协调委员会

承办单位：黑龙江、吉林、内蒙古、北京（辽宁）的高校环境保护组织

协办单位：绿色吉林、哈尔滨工业大学绿色协会、东北林业大学绿色使者志愿者协会、哈尔滨商业大学绿色文明协会等

（三）活动时间

2006 年 5 月 15 日至 2006 年 11 月。

（四）活动地点

黑龙江流域各个珍贵的保护地，各所高校，商业名街或广场，俄罗斯。

（五）活动项目

启动仪式、前期培训、“6 · 5 世界环境日”宣传活动、新闻发布会、考察活动、东北大学生绿色营、中俄交流活动、活动闭幕式、颁奖仪式等。

四、工作计划

活动项目	时间	地点	备注
启动仪式	5 月 19 日	哈尔滨	邀请相关媒体报道
前期培训	5 月 19 日—21 日	哈尔滨	各项目队需提交初步的考察计划
提交计划书草案	6 月 1 日		由专家给出修改意见
“6.5 世界环境日”宣传活动	6 月 5 日	黑龙江、吉林、内蒙古、北京、辽宁	统一进行一系列活动，邀请相关媒体报道
最终竞标方案征集截止	6 月 15 日		最终的竞标计划书要提交到黑龙江使者协调委员会，逾期不受理
行动方案网上答辩、专家组评审及使者队伍确定	6 月 22 日前		采用问答形式进行答辩，共产生 6 个黑龙江使者行动队伍
新闻发布会	6 月 26 日	哈尔滨	邀请相关媒体报道
考察活动	暑假时间	黑龙江、吉林、内蒙古、北京、辽宁	保留好考察资料，邀请相关媒体报道
东北大学生绿色营	8 月中下旬	未定	总结分享使者活动成果，邀请相关媒体报道
中俄交流活动	10 月 1 日放假期间	俄罗斯	讨论黑龙江流域、水坝等中俄交流项目，邀请相关媒体报道
活动成果报告提交	10 月 15 日前		提交到黑龙江使者协调委员会
活动成果公布及后期宣传	10 月—11 月	各地	制作统一的宣传，制作文集，邀请相关媒体报道
活动闭幕式、颁奖仪式	11 月	哈尔滨	颁奖，邀请相关媒体报道

五、传播途径

1. 网站宣传:信息将发布在世界自然基金会等非政府组织(NGO)网站;绿色龙江、地区性合作网;绿色石头城、各学校社团网站上。

2. 书籍报纸宣传:将制作4 000本《黑龙江使者》书籍发往各个非政府组织、各政府部门及学生组织。各学校将有可能制作报纸进行此次活动的宣传,如哈尔滨工业大学去年就制作了一期报纸,印刷3 000份宣传此项活动。

3. 海报宣传:将制作统一的海报用于活动的各部分宣传。

4. 媒体宣传:将邀请至少两家国家级媒体,两家省级媒体,五家地方级媒体。

5. 展板宣传:将于10月至12月在至少十家高校进行循环展出。

6. 现场宣传:6月5日十几个高校进行联合宣传活动。

7. 通过新闻发布会、启动仪式、"6·5世界环境日"宣传活动、东北大学生绿色营、中俄交流活动、闭幕式等现场宣传形式,邀请相关媒体报道,吸引更多媒体的关注。

8. 光碟和数字视频(DV)的制作:将制作一定数目的数字视频,发往参与各队伍和非政府组织、高校社团。

9. 用品宣传:活动将统一发放服装、帽子、文件夹、背包、队旗、条幅、队徽等方面物品,以加强统一的宣传力度。

六、赞助商回报方案

1. 网站宣传。将通过世界自然基金会网站、绿色龙江网站,以及其他至少五个高校网站对赞助商表示感谢,并将在绿色龙江、哈尔滨工业大学绿色协会等网站做广告宣传。

2. 海报宣传。在各学校发布的海报信息上,印上赞助商的名字和商标。

3. 书籍宣传。在书籍上制作赞助商的宣传页面,书籍将发往各地高校,在各协会报纸上发表对赞助商的致谢广告。

4. 赞助商可以选择提供实物赞助。

5. 媒体宣传。在活动邀请的媒体上对赞助商进行多种形式的宣传。

6. 在启动仪式、前期培训、"6·5世界环境日"宣传活动、新闻发布会、考察活动、东北大学生绿色营、中俄交流活动、活动闭幕式、颁奖仪式等活动上,为赞助商进行现场宣传。

7. 嘉宾致辞。在各种活动过程中邀请赞助商领导为活动致辞。

8. 用品宣传。服装、帽子、文件夹、背包、队旗、条幅、队徽等方面物品的宣传。

9. 企业产品专用宣传。例如，专用饮料、指定产品、特选产品等。

10. 形象策划。为公司制作一个产品宣传短片。

11. 问卷调查。“6·5 世界环境日”宣传活动可以为公司做一定的问卷调查。

12. 奖品宣传。奖品由公司赞助，可印有图案。

13. 展板宣传。可为赞助商设置宣传展板，在活动中展出。

14. 横幅宣传。制作赞助商赞助字样的条幅，在每次活动中展出。

15. 小册子宣传。在活动现场派发赞助商宣传册。

16. 资料宣传。将在所有的资料中，对赞助商表示感谢。

17. 冠名权。冠名形式有总冠名权和各活动冠名权。如“2006×××黑龙江使者活动”“2006×××黑龙江使者东北大学生绿色营活动”。

18. 荣誉称谓。赞助商将被授予“黑龙江使者活动——特殊贡献奖”。

19. 称谓使用权。贵公司有权在签约后的一年内，在其产品（或服务）包装（或标志）和促销宣传中使用“黑龙江使者活动”名称、会徽等特殊标志。

20. 赞助商可选择适当的自我宣传形式，但是不能使活动过分商业化。

以上各条款双方可以就具体项目进行协商。

七、经费预算

1. 启动仪式 8 000 元

2. 培训会 6 000 元

3. “6·5 世界环境日”宣传活动 20 000 元

4. 内部项目交流会 500 元

5. 新闻发布会 20 000 元

6. 队服：10 元/件×15 件/队×8 个项目队＝1 200 元

帽子：5 元/顶×15 顶/队×8 个项目队＝600 元

徽章：3 元/个×20 个/队×8 个项目队＝480 元

旗帜：50 元/个×2 个/队×8 个项目队＝800 元

条幅：50 元/个×2 个/队×8 个项目队＝800 元

7. 东北大学生绿色营 8 500 元

8. 考察活动 8×10 000＝80 000 元

9. 最终的获奖队伍奖励 6 500 元

10. 活动文集出版 5 000 元

11. 中俄大学生交流会预计 20 000 元（中方费用）

12. 闭幕式、颁奖仪式 20 000 元

13. 后期宣传、巡回展 8 000 元

14. 活动总冠名权 80 000 元

15. 活动分冠名权 3 000 ~40 000 元

八、各部分活动宣传价值评估（略）

附录3　展览展销活动方案

欣赏灯的艺术，畅游灯的海洋

——2004 中国（古镇）国际灯饰博览会

主办单位：广东省中山市人民政府
中国照明电器协会

承办单位：广东省中山市古镇镇人民政府
中山市经济贸易局

协办单位：广东省照明电器协会
香港贸易发展局
广东国际灯饰城

一、主题

欣赏灯的艺术，畅游灯的海洋

二、宣传口号

1. 以灯会友，诚招天下客商

2. 让世界认识古镇，让古镇走向世界

三、时间

2004 年 10 月 1 日—6 日

四、地点

中国 · 中山 · 古镇灯饰广场

五、中国灯都博览会简介

古镇镇位于中山市西北边缘，是中山、江门、新会、顺德四市的交汇处，是珠江三角洲的交通枢纽之一，距中山市城区约 23 千米，全镇总面积 47.8 平方千米，户籍人口 6.6 万人，外来人口 6 万多人。改革开放以来，古镇镇以经济建设为中心，坚持工业立镇、工业强镇的发展方针，实施依法行政、依法治镇、科教强镇战略，以两个“龙头”产业——灯饰业和花卉苗木业为导向，经济每年以 20% 以上的增长速度持续稳步发展。目前，全镇共有私营企业及个体工商户 5 500 多家，其中灯饰厂企超过 1 400 多家，民用灯具产品覆盖全国灯饰市场的 50% 以上，在全国 33 个灯饰城中居于首位。古镇灯饰灯具享誉全球，并且成为世界几大灯饰专业市场之一，与其配套相关行业还有五金配件、建筑材料、玻璃、电镀等也是国内重要的市场。

古镇镇区域经济特色十分明显，“灯饰电器千万种，花卉苗木全国种”是其真实写照。个体、私营经济十分活跃，占全镇经济总量的 95% 以上，现有灯饰灯具、塑料机械加工、建筑装饰材料、五金制锁、化工涂料等几大行业。

灯饰业是古镇镇的工业龙头，也是古镇镇的经济支柱。从 1982 年发展至今，经过 20 年的引导、扶持，古镇镇已先后发展成为国内最大的灯饰专业生产基地和批发市场，也是世界最大的灯饰专业市场之一。目前全镇已登记注册的灯饰厂有 1 400 多家，从业人员近 4 万人；形成了约 7 千米的“灯饰一条街”，共有灯饰铺位 600 余家，以此为依托组建的“广东国际灯饰城”为古镇镇赢得了“中国灯饰之都”的美誉；其产品畅销全国，在全国同行业市场中的份额约占 50%，还大量出口到中国港澳台地区，东南亚各国、日本、美国及欧洲各国等 72 个国家和地区，享有较高的知名度和美誉度；还取得了 2008 年北京奥运会所有的灯饰承包权。1999 年 10 月，古镇镇举办了到目前为止国内最大的专业灯饰博览会——“99 中国（古镇）国际灯饰博览会”，取得了良好的经济效益和社会效益，为灯饰行业的长远发展奠定了良好的基础。灯饰业的快速发展，带动了五金制品、塑料加工、饮食等相关行业的发展。目前，古镇镇又掀起了新一轮的发展热潮，并为此进一步优化投资环境。2004 年，古镇镇政府在中山市委、市政府的大力支持下加大对工业基础建设的投入，高标准规划建设 7 000 亩工业园区，“2004 中国（古镇）国际灯饰博览会”于 2004 年 10 月 1 日至 6 日在古镇灯饰广场隆重举行，为投资创业提供了更好的环境。

古镇不古，面貌日新。它与日俱增、富有特色的建筑群折射出日新月异的变化，一个园林式现代的新城镇已初具规模。现在，古镇镇又掀起了新一轮改革和建设的热潮，在不久的将来，古镇镇将会焕发出更新的风姿，一个“碧水、蓝天、鸟语、花香”的现代化城镇将展现在世人面前。

六、参展各项细则

1. 参展范围

（1）室内照明灯具：家居装饰灯具、工程照明灯具。

(2)室外照明灯具:室外工程灯具、室外装饰灯具。

(3)电光源:白炽灯、节能灯、其他电光源。

(4)设备:生产设备、检测设备。

(5)配件及其他:五金配件、塑料配件、玻璃配件、电子配件。

(6)其他

2. 参展费用

(1)标准展位:国内客户 5 000 元人民币/个,国外客户 800 元美金/个。

(2)特装展位:费用面议。

(3)空地租用:200 元/平方米。

3. 参展须知

(1)参展单位须填妥“参展申请书”,加盖公章,寄回或传真到筹委会秘书处。

(2)参展单位在合同确认(传真件)后 10 天内一次性汇款到筹委会指定的账户(底单传真或交筹委会办公室),也可以缴交转账支票到筹委会办公室。本届灯博会招展截止日期为 2004 年 9 月 25 日。展位划分按参展确认先后顺序优先安排。

(3)参展单位若中途退展,所交参展费一律不予退还。

(4)参展单位若需在展览期间参加发布会、研讨会、媒体宣传、户外广告、会刊,请与筹委会秘书处联络,商讨具体事宜。

4. 提供服务

(1)提供国际国内直拨电话、传真及打字、复印等有偿服务;

(2)代办展品、展具的提取、运输、仓储等服务(费用自理);

(3)提供食宿、交通等预订服务(费用自理);

(4)提供旅游、参观、考察服务(费用自理)。

5. 日程安排

项目	时间
(1)招展时间	2004 年 9 月 15 日前
(2)展位分配	2004 年 9 月 22 日前通知参展单位
(3)布展时间	2004 年 9 月 28 日(特装展位另行通知)

（续表）

项目	时间
（4）展览时间	2004 年 10 月 1 日—6 日
（5）撤展时间	2004 年 10 月 7 日

七、主要活动

10 月 1 日　开幕典礼。邀请广东省省委副省长、中山市市委书记等领导出席，并分别致辞（9：00—11：00）

国贸大酒店午宴、午休（11：00—14：00）

参观“中国灯都”牌匾及灯博会展区、灯饰一条街（14：30—17：00）

参加国贸大酒店招待酒会（17：00—20：00）

古镇灯饰广场举行烟花晚会，观看市艺术团文艺表演（21：00—22：30）

10 月 2 日　国贸大酒店三楼礼堂举行商家业务洽谈活动（9：00—11：00）

国贸大酒店午宴、午休（11：00—13：00）

古镇灯饰广场举行签约活动（14：00—16：00）

“灯的艺术，灯的海洋”书画摄影展（选点由参赛选手自行选择，以灯为主要摄影对象，同时大会将提供必要硬件设备）（2 日—5 日）

观看体现现代化城镇建设家居园林花卉展（邀请嘉宾到古镇镇各行政村，参观过上小康生活的古镇镇人民的家居园林）（2 日—5 日）

10 月 3 日　国贸大酒店三楼大礼堂举行商家业务洽谈活动（9：00—11：00）

国贸大酒店八楼会议厅举行商会行会座谈活动（14：00—15：00）

镇照明协会会议中心召开照明电器发展研讨会（15：00—17：00）

10 月 4 日　“国际市场与企业产品质量认证”专题讲座，由国家质检局有关人员演讲（9：00—11：00）

国贸大酒店午宴、午休（12：00—14：00）

“科技进步创新与企业发展”专题讲座，由古镇镇经贸局局长演讲（14：00—16：00）

参观大型灯饰企业，了解企业生产流程（16：00—17：30）

10月5日　评选及颁奖大会，具体奖项包括：名优企业、十大品牌产品评选颁奖，灯饰灯具、照明电器精品评选颁奖，“灯的艺术，灯的海洋”专题书画、摄影展评选颁奖，“新意念、新时尚、新精品”优秀参展单位评选颁奖

10月6日　商铺招租洽谈签约活动（9:00—10:00）

就本届灯博会有关情况召开新闻发布会（10:00—10:30）

前往中山市富华酒店午宴、午休（12:00—14:00）

参观中山市政建设、优秀示范小区凯茵新城及孙中山故居游览孙文西路步行街、孙文纪念公园

10月7日　撤展

八、传播途径

主要媒体：中山市电视台、中山市广播电台、《中山日报》、古镇镇电视台、珠江电视台、珠江广播电台、《广州日报》和《羊城晚报》。

九、参展效果预测与评估

1. 制作成果评估

对舞台、背景板、标语、彩球、现场气氛等制作项目进行评估，分为优、良、满意、不满意四个等级。

2. 大众传播媒介报道效果的评估

（1）报道工作的评估，如新闻稿的数量、文字的多少、媒介是否到齐、会议召开过程是否圆满。

（2）媒介报道效果评估，统计有多少家媒介作了报道。

（3）公众接触信息的成果评估，计算标准：大众传播媒体刊出的信息数量×可能接触的人数的总和。

3. 信息传播效果的评估

（1）检查发送信息的数量。

（2）信息被传播媒介所采用的数量。

（3）检查接收到信息的目标公众的数量。

4. 主题效果的评估

是否达到“灯的艺术，灯的海洋”这一主题。

5. 活动目的的评估

通过对参展单位出租情况、客商签约统计情况等进行评估,确定是否达到“工业强镇,发展镇区特色经济”这一目的。

6. 活动参加人数评估

根据参加者的回函统计活动的出席人数,确定活动策划是否成功。

十、经费预算

1. 场地费用,如场地租金、水电;

2. 设计装修布展费用;

3. 职员费用,包括所有工作人员的薪金(包括模特、礼仪、保安人员等)、伙食、车费等;

4. 保险费;

5. 运输费;

6. 交际费;

7. 不可预算费用(5% ~10%),根据实际列表;

8. 宣传费用。

十一、场地效果图(略)

附录4　新闻发布会方案

新闻发布会方案

一、时间

2002年4月28日14:30—16:15

二、地点

广州奥林匹克体育中心商务酒店

三、活动主题

第二届广东体育嘉年华

四、参会人员

广东省体育局领导、广东体育产业协会领导、相关嘉宾、各活动项目合作单位领导、主要赞助商代表、新闻媒体记者、会务工作人员。

五、活动构成

介绍第二届广东体育嘉年华的情况、媒体对主要领导的专访、新闻通稿的广泛发布、重点媒体的深度报道。

六、发布会议议程

4月28日下午

02:00—02:30　来宾签到入场,广告片播放

02:30—02:35　主持人宣布发布会开始

02:35—02:45　主持人介绍与会嘉宾

02:45—02:55　主持人介绍广东体育嘉年华意义和主要内容

02:50—03:00　广东省体育局董局长发言(10分钟,建议)

03:00—03:10　广东省体育局田局长发言(10分钟)

03:10—03:40　主持人向有关单位提相关问题

03:40—04:00　记者问答

04:00　发布会结束

七、体育产业协会秘书处工作职责

拟订发布会方案

拟订媒体名单

贵宾、嘉宾邀请

媒体邀请

媒体接待

会议资料准备(新闻稿、与会合作单位、赞助机构及会议相关资料)

场地布置

现场影音设备的调试

会议现场协调

现场摄影纪录

资料袋的准备

撰写邀请函

撰写新闻稿

撰写主持人串词

八、体育产业协会确认和准备事项

与会嘉宾人数和人员名单

广告片制作

礼品的准备

现场展示广告的准备与摆设

现场演示操作

九、发布会主要媒体名单

《南方日报》《羊城晚报》《广州日报》《信息时报》《粤港信息日报》《新快报》《南方都市报》《南方体育》《中国青年报》《中国体育报》等

广东省电视台、南方电视台、广州电视台、广州有线电视台

广东人民广播电台、广州电台

省局新闻宣传处

十、场地布置方案

1. 会议场地布置

签到台设在宴会厅门口，会议厅内摆放地台及背景板。

背景板侧面有屏幕播放相关的数字视频，1 台高亮度投影机可以连接录像机播放会议相关录像片，连接笔记本电脑显示现场讲话内容（如果主讲人用到幻灯片讲稿），背景板前设讲台及麦克风。

会场音响设备包括 1 支立式麦克风、2 支无线麦克风。

2. 现场效果

音响配合包括主讲人上下场音响配合、配乐诗音响配合、背景音乐配合。

会用到数字视频设备、投影仪、大屏幕、音响（调音台、麦克风、组合音响等设备）。

会场设计包括主席台背景设计、接待（签到）区背景板设计等。

3. 当天资料袋准备

项　目	提供方
礼品	体育产业协会商务处
新闻通稿	体育产业协会秘书处
当日活动日程	体育产业协会秘书处
体育产业协会简介	体育产业协会秘书处
高层讲话稿（如能提供）	体育产业协会秘书处
合作单位、赞助机构资料	体育产业协会秘书处
第二届广东体育嘉年华相关材料	体育产业协会秘书处

广东省体育产业协会

2002 年 1 月 31 日

附录5　公共关系危机处理方案

家乐福危机处理策划书

一、前言

家乐福(Carrefour)是欧洲第一大零售商,世界第二大国际化零售连锁集团。家乐福于1995年进入中国后,采用国际先进的超市管理模式,致力于为社会各界提供价廉物美的商品和优质的服务,受到广大消费者的青睐和肯定,其"开心购物家乐福""一站式购物"等理念已经深入人心。然而2012年央视"315"晚会曝光了郑州家乐福的"不诚信"行为:将三黄鸡充当柴鸡,将鸡胗进行返包,变换日期。位于郑州国贸360的家乐福店,每天来这里购物的顾客络绎不绝。下午3点,顾客不多,一位营业员趁机补货,此时发生令人吃惊的一幕,在补货包装袋上写着三黄鸡,经过人为摆设变成了柴鸡,价格也翻了一倍。柴鸡销售量大,每当柴鸡快卖完了,售货员自然地将三黄鸡补充进来。记者暗访中还对当中的鸡胗做了记号,第二天发现带有记号的鸡胗被重新打散包装,包装日期变成了当日。"315"晚会的曝光令家乐福瞬间陷入信用危机。

由于家乐福拥有巨大的知名度和品牌影响力,"315"晚会曝光后,迅速点燃了众多媒体的兴奋点,在客观报道的同时,各种各样的谣言与攻击也铺天盖地而来,让家乐福一时间背负着巨大的舆论压力和信用危机。因此,我们策划此次活动,以消除"315"晚会曝光事件对家乐福的负面影响,并重塑家乐福品牌美誉度和信誉度,真正使消费者体验"开心购物"的家乐福。

二、调查分析

(一)优势

总述:雄厚的资金实力、先进的物流体系、先进的管理经验。

1. 家乐福实行大卖场式的经营方式。大卖场的竞争优势较明显,覆盖范围较广,一旦建成后,周边的客户都要被吸引,对周边的零售店都有较大的冲击,能够在较长的时间内保持其竞争力。

2. 家乐福实行大规模的经营方式,其店面一般都是超过2 500平方米的大店。大规模给家乐福带来的是繁多的商品品种,强大的集客能力,同时实现低价格化。

3. 家乐福施行连锁经营的经营模式。连锁经营的特点是能实现规模效应,即统一进货形成的议价优势,这是维护低价格政策的手段之一。

(二)问题点

打开各大搜索引擎,输入"家乐福、假冒伪劣"关键词,国内家乐福各种见诸媒体的质量丑闻跃然"屏"上。北京双井店被发现有假冒"鳄鱼""花花公子""路易威登"等品牌的钱包在特价出售;杭州家乐福销售的部分茅台属假冒产品。质量、诚信是零售业的生命,但作为世界第二大零售巨头,家乐福屡屡违规却不思悔改,这几年,家乐福超市一直问题不断,高密度的曝光率使这家世界500强的商业巨头成为社会关注的焦点。

(三)机会点

家乐福自进入中国以来便备受瞩目,其品牌知名度无形中将经营中的负面舆论放大。但在中国的17年以来,家乐福为消费者塑造的低廉价格、卓越顾客服务和舒适购物环境深入人心。例如,"新春福礼到家"等活动实实在在地满足了消费者各种需求,享受极大的实惠。而作为中国最早开展"农超对接"的零售企业,家乐福有信心有实力重新唤回消费者的信任,重塑家乐福品牌美誉度和信誉度,真正使消费者体验"开心购物"的家乐福。

三、公关目标

本次公关活动的目标是澄清事实,消除顾客疑虑,重塑家乐福安全、健康形象。

四、活动主题

安全品质,诚信服务

五、公关计划实施

为了实现企业"澄清事实、消除疑虑、重塑形象"的公关目标,首先我们会召开一个新闻发布会,然后利用这次发布会的内容在新浪、搜狐、腾讯等网络上进行宣传,并与百度等网络搜索公司合作,屏蔽负面消息;同时为了消除此次事件的负面影响,扩大销售量,我们还将在后期举行"家乐福杯美食烹饪大赛"活动,并且每年参加政府举办的慈善活动,进行慈善捐款。

活动(一)

我们就郑州市家乐福"三黄鸡代替柴鸡出售以及更换标签继续出售事件"向公众公开致歉,希望获得消费者的谅解与支持。

活动项目：联合质检部门召开新闻发布会

活动对象：中央电视台、《人民日报》、《南方周末》、部分消费者

时间：2012 年 3 月 16 日上午 8：00

地点：北京长城饭店

活动具体流程：

1. 将媒体记者按序带入会场，由工作人员为媒体记者分发发布会的相关资料，待企业负责人、质检部相关人员到场后主持人宣布活动正式开始。由主持人为记者介绍各位与会领导和嘉宾，家乐福相关领导向各位与会媒体记者说明此次发布会的相关背景和目的。

2. 家乐福企业负责人代表企业就郑州市家乐福“三黄鸡代替柴鸡出售以及更换标签继续出售事件”向公众公开道歉，并承认是企业管理疏忽。说明在该事件曝光后，企业已第一时间对该店的相关员工做出处理。

3. 针对郑州市家乐福“三黄鸡代替柴鸡出售以及更换标签继续出售事件”，质检部相关人员出示家乐福其他门店的检查合格证明，澄清家乐福“三黄鸡代替柴鸡出售以及更换标签继续出售”只是个别事件。

4. 企业负责人对家乐福其他门店的经营进行全面解释说明，让消费者对家乐福有一个全面、健康的认识和了解。

5. 在与会领导、嘉宾讲解完毕后，发布会进入自由提问阶段，由与会记者和部分邀请与会的消费者对家乐福“三黄鸡代替柴鸡出售以及更换标签继续出售事件”进行相关提问，由家乐福企业负责人和质检部相关人员对记者所提问题进行解答，以清除消费者对企业的误解。

6. 解答完毕后，企业负责人向受邀的嘉宾、与会的媒体记者和消费者进行答谢，由主持人宣布发布会结束。

活动（二）

我们利用刚刚召开的新闻发布会的信息资源，选择新浪、搜狐、网易等主流门户网站发布新闻报道以及家乐福的相关广告，对“欺骗消费者”的事实致歉，并附上家乐福企业为消除消费者心中疑虑所采取的一系列措施。同时，与百度、谷歌等主流网络搜索公司合作，屏蔽有关家乐福事件的负面信息，阻止负面信息的流传，降低破坏性；另外，不断更新有利于家乐福企业的正面帖子；再者，建立网络超链接，引导网民到家乐福的官方网浏览。这样，

广大网民就会看到家乐福企业为了维护消费者合法利益所做出的努力。让消费者进一步了解家乐福、信任家乐福,真正从内心把家乐福定位为一个安全、真诚为消费者服务的企业,提高家乐福的美誉度,增强消费者信心,并同时增加销售额。

活动(三)

举办"家乐福杯美食烹饪大赛"活动

活动对象:北京、上海、广州繁华地带的广大消费者

时间:2012 年 4 月 1 日—5 月 1 日

地点:北京、上海、广州等城市为主的知名美食烹饪节目

活动具体流程:

以赞助商的身份与北京《顶级厨师》、上海《人气美食》、广州《天天饮食》等知名烹饪节目合作举办"家乐福杯美食烹饪大赛"。该比赛在每个节目中均以三轮角逐的形式进行。并提供大赛所需的各项食品用料、厨具及奖品。

奖项设置:一等奖 5 000 元奖金及笔记本电脑 1 台,3 个城市各 1 名;

二等奖 2 000 元奖金及数码相机 1 部,3 个城市各 2 名;

三等奖 1 000 元奖金,3 个城市各 3 名。

在比赛期间,开通幸运观众有奖短信活动平台并提供奖品。

观众获奖方式:观众中以短信形式参与活动的竞猜,在每轮比赛中抽取 20 位幸运观众。被抽中的幸运观众凭短信及身份证复印件到家乐福超市确认个人信息后领取奖品。奖品包括家乐福 100 元的优惠券加精美对杯一套。

通过赞助比赛所需烹饪材料的方式,使消费者更多地了解家乐福的产品,消除消费者对家乐福的疑虑,解除危机。同时也体现家乐福最根本的价值观——关心我们所处的社会以及生活在这个社会中的消费者,获得消费者的感情认同,树立在消费者心目中的良好形象。

活动(四)

配合国家西部大开发战略和全国妇联提出"举全国妇女之力,建西部美好家园"的号召,帮助西部贫困干旱地区妇女和群众解决饮水困难,每年对"母亲水窖"这个项目投入 50 万的赞助资金。这个项目是由全国妇联、北京市政府、中央电视台主办,中国妇女发展基金会具体承办的"情系西部,共享母爱"世纪爱心行动大型公益活动。由于该活动一经实施,就深受社会各界的广泛赞誉,可以通过这个活动的影响力重新树立起企业的形象,进一步

增强与政府公众的合作力度。

六、物料筹备

（一）会场布置

桌椅、灯光、音响、横幅、剪刀、胶布。

（二）赞助及抽奖活动

电脑、数码相机、家乐福优惠券、精美对杯、海报、烹饪食品用料、厨具。

七、媒介选择

（一）报纸：《人民日报》《南方周末》。

（二）电视台：中央电视台。

（三）网络：新浪、搜狐、腾讯、百度、谷歌。

八、经费预算

（一）召开记者招待会

1. 场地租赁

场地、桌椅、灯光、音响设备等20 000元。

2. 场地布置

横幅：80元/条×1条=80元。

3. 聘用人员

①质检部相关人员：30 000元。

②媒体记者：邀请中央电视台（20 000元）、《南方周末》（15 000元）、《人民日报》（10 000元）等多家权威媒体，共45 000元。

③接送、就餐合计6 000元。

记者招待会费用总计101 080元。

（二）网络澄清

利用新浪（45 000元）、搜狐（30 000元）、腾讯（25 000元）等网络资源进行全面、快速的信息传递；利用百度（60 000元）、谷歌（50 000元）进行信息的屏蔽。共210 000元。

（三）赞助比赛费用

1. 幸运观众奖品

制作精美对杯：50元/对×180对=9 000元。

家乐福百元优惠券:100 元/张 ×180 张 =18 000 元。

2. 烹饪比赛奖品

①一等奖:价值 5 000 元笔记本电脑 1 台和奖金 5 000 元(共 3 份),共 30 000 元。

②二等奖:价值 1 000 元数码相机 1 部和 2 000 元奖金(共 6 份),共 18 000 元。

③三等奖:1 000 元奖金(共 9 份),共 9 000 元。

3. 烹饪比赛相关赞助费用

①大赛布置费:包括比赛用具、场地布置等,共 30 000 元。

②邀请烹饪协会专家、资深人士、电台记者,每个城市 5 位嘉宾的邀请费,共135 000元。

③其他宣传费用:20 000 元。

烹饪大赛费用总计 269 000 元。

(四)慈善捐款

每年 50 万元。

费用总计 1 080 080 元。

九、效果评估与期望

(一)对于消费者

经过一系列的澄清与措施,消费者心理上会得到一定的满足和慰藉。消费者对家乐福会逐步建立安全与诚信的企业形象,重新建立起对家乐福的信心,从而提高顾客的忠诚度。

(二)政府部门

努力澄清事实,政府将会大力支持和帮助家乐福。

媒体跟踪报道,帮家乐福澄清事实,重新树立美誉度。

(三)内部员工

经过此次事件,内部员工将会形成更强的凝聚力,努力做好自己的工作,并且通过自己的关系为家乐福提升一定的美誉度。

(四)媒体

通过积极与新闻媒体及网络媒体的沟通与协作,获得媒体的理解与支持。通过正面宣传家乐福形象,阻止负面信息的广泛传播。

(五)总结

当危机来袭并且不断深化时,公众对于企业的期望已不仅仅是企业抹清事实之镜,而是希望从更高的价值层面获得企业的反馈。在危机之中，关于事件起因、发展、后果等数据、证据的呈现属于事实之维，而对事件的反思、道歉、沟通、承诺等则属于价值之维。

对企业而言，危机管理的重点或许就应该在完善企业内部管理的同时，认真倾听，追踪公众舆论，并及时对舆论情绪做出反应，第一时间将危机的种子扼杀在萌芽状态，恢复消费者、社会、政府对它的信任。而心与心的沟通，基于企业社会责任的真诚承诺与行动，才是化解危机的有效之道。这样不仅可以使品牌形象得以恢复，而且还能够进一步丰满和提升品牌形象。

附录6　对外开放参观方案

重庆科技学院招生对外开放参观

一、活动主题

预祝高考考生金榜题名，喜迎考生家长莅临参观

二、活动背景

重庆科技学院是一所全日制公办普通本科院校，坐落于五大国家中心城市之一的重庆市，于2004年5月由两所具有60多年办学历史、在社会各界享有良好办学声誉的原中央部委属学校——重庆工业高等专科学校和重庆石油高等专科学校合并组建并经教育部批准设立。学校现已发展成为多学科多层次协调发展，行业优势突出，办学特色鲜明，蕴藏着较大发展潜力的高等学校。

随着高考时间的临近，高考阅卷工作完成后，新一轮的招生计划紧锣密鼓地展开，为此我校开展开放参观活动，为2013年招生做好准备。同时，为高考考生家长提供更多的选择。

三、活动目的

1. 为扩大学校的知名度，使广大学生家长对我校教学环境、教学方法、师资力量、建校历史、所获荣誉的进一步认识和了解。

2. 为扩大我校生源渠道，增加我校新生数量，为我校注入新的力量，贯彻我校“人才兴校”“人才强校”的战略思想，稳定本科教育规模。

3. 为了保证学校的发展方向与国家和区域教育发展规划的要求相衔接，使学校的发展和主要工作有明确的规划依据，持续合理地积累和经营学校的教育资源，最终实现学校的跨越式发展。

四、活动时间

2013年6月10日9：00—16：00

五、活动对象

2013年高考考生家长50人

六、活动准备

1. 欢迎横幅一条(内容:热烈欢迎考生家长来我校参观咨询)

2. 导游旗5面,喇叭5个

3. 纸杯2袋,矿泉水5瓶,茶叶1袋

4. 学校宣传册50份,学校平面图50份,笔50支

5. 盒饭60份

6. 教员休息室5间

7. 校车2辆

七、活动流程

1. 参观路线(按距校门直线距离安排)

重庆科技学院南校门➡(途经人文社科大楼、经济管理大楼)图书馆➡(途经行政楼、红豆山)石油、天然气工程实训基地➡(途经石油科技大楼)禾园学生宿舍➡禾园学生食堂(返途经莲花湖)➡灵湖、灵湖广场➡(途经校医院)容园食堂➡(途经容园学生宿舍区、容园商业区)第一教学大楼➡重庆科技学院六十周年校庆专题展➡(途经竞湖)大田堡操场➡(途经网球场)重庆科技学院西校门

2. 具体安排

参观对象50人,10人/组,每组配1名老师,1名学生助理。

时间	地点	活动安排	备注
9:00	南校门	迎宾	悬挂好迎宾横幅,摆放好路标
9:10	南校门	介绍我校建校历史	
9:15	图书馆	参观图书馆	
9:30	石油、天然气工程实训基地	参观石油、天然气工程实训基地	发放相关基地建设、基地设施的资料,供家长浏览
9:40	禾园学生宿舍	具体参观一间学生宿舍	
10:00	禾园食堂	参观食堂安全卫生用餐环境	
10:15	灵湖、灵湖广场	游览灵湖、灵湖广场	
11:00	容园食堂	参观并就餐	

（续表）

时间	地点	活动安排	备注
11:40	第一教学大楼	带领家长到教员休息室休息	准备好茶水，讲解员解答家长问题
14:00	第一教学大楼	参观多媒体教室	
14:20	荣誉展览室	教学楼 A412	
14:40	重庆科技学院六十周年校庆专题展	图书馆一楼右侧	依次发放宣传册
15:20	大田堡操场	参观大田堡操场	
15:40	网球场	介绍大田堡雕塑和网球场	
15:50	西校门	送行	握手欢送

八、人员分配

姓名	联系方式	工作安排
王学进主任	138×××××××	教师总负责人，主要负责组织协调参观工作
李远兵老师	136×××××××	负责宣传册的复印、发放工作
黄丽玉老师	156×××××××	负责教员休息室的安排、物资准备
刘远贵老师	136×××××××	负责用餐（盒饭、餐具）准备、资金申请
王开国老师	158×××××××	负责安排校车送行、参观环境清理

九、经费预算

物品名称	数量	单价/元	合计/元
横幅	1 条	10	10
路标	11 个	3	33
喇叭	5 个	150	750
纸杯	2 袋	9	18
矿泉水	5 瓶	5	25

（续表）

物品名称	数量	单价/元	合计/元
茶叶	1 袋	50	50
盒饭	60 盒	10	600
校车租用	2 辆	200	400
合计:1 886 元			

十、注意事项

1 为预防天气晴热,通知家长来访时带好防晒物品(伞、人丹等)。

2. 提前做好来访家长情况登记,事后做好信息回馈。

3. 学校新闻组人员全程采访报道,事后整理发表校内新闻,搜集好总结资料。

4. 家长参观前联系好校园保洁人员做好清扫工作。